SYNDICAT DES CONTRIBUABLES

POUR LA

DÉFENSE DES INTÉRÊTS DU QUARTIER NANSOUTY

MONOGRAPHIE

DU 1ᵉʳ JUILLET 1896 AU 1ᵉʳ JANVIER 1900

BORDEAUX

IMPRIMERIE G. GOUNOUILHOU

11, RUE GUIRAUDE, 11

—

1900

MONOGRAPHIE

DU

SYNDICAT POUR LA DÉFENSE DES INTÉRÊTS

DU QUARTIER NANSOUTY

SYNDICAT DES CONTRIBUABLES

POUR LA

DÉFENSE DES INTÉRÊTS DU QUARTIER NANSOUTY

MONOGRAPHIE

DU 1ᵉʳ JUILLET 1896 AU 1ᵉʳ JANVIER 1900

BORDEAUX

IMPRIMERIE G. GOUNOUILHOU

11, RUE GUIRAUDE, 11

1900

CONSEIL D'ADMINISTRATION

BUREAU

MM. F. MULLE, entrepreneur de peinture, *Président.*

A. PICHOU, sous-ingénieur honoraire des Chemins de fer du Midi, *Vice-Président.*

E. LAGROYE, commis principal aux Chemins de fer du Midi, *Secrétaire.*

A. VIDAL, comptable, propriétaire, *Trésorier.*

CONSEILLERS

MM. A. GAY, représentant de commerce, propriétaire.

MOLINIÉ, propriétaire, ex-fondé de pouvoirs à la maison Silliman (✿ A., méd. du comm.).

F. BEAU, ex-officier ministériel, propriétaire.

Paul REVOCAT, propriétaire, négociant, marchand boucher en gros.

CELLERIER, entrepreneur de travaux publics.

Paul BARATON, limonadier, propriétaire.

CLAVERIE, boulanger, propriétaire.

PATACHON, marchand boucher, propriétaire.

DUPRAT, commis principal aux Chemins de fer du Midi, propriétaire.

COMBES, retraité des Chemins de fer du Midi.

PRÉFACE

Cette brochure n'a d'autre prétention que de faire connaître aux habitants du quartier Nansouty et aux Membres du Syndicat les efforts constants, et toujours agissants, qui ont permis d'obtenir les améliorations et les embellissements de cette partie importante de la ville, améliorations et embellissements indispensables, mais réclamés en vain depuis plus de vingt années.

Aussi, les hommes composant le Conseil d'administration du Syndicat, en raison de la confiance qui leur a été témoignée pendant trois années successives, ont-ils cru faire œuvre plus utile que littéraire en groupant et coordonnant les travaux auxquels sont dus les résultats obtenus.

C'est avec la pensée bien arrêtée et la conviction sincère de créer une tradition, qui en se perpétuant rendra d'immenses services, qu'ils ont eu l'idée de cette Monographie, capable, dans sa simplicité, de prouver l'indispensabilité du groupement des individus liés par un Syndicat chargé de la défense des intérêts de tous. Au demeurant, ce groupement permet aux dévouements, aux activités, aux intelligences de se faire jour en venant travailler à la prospérité du quartier, loin des questions et des compétitions irritantes de la politique. En même temps, il facilite et allège d'autant le fardeau des lourdes fonctions que les hommes publics acceptent et détiennent de leurs commettants.

C'est guidé par cet esprit, dont il ne s'est jamais départi, que le Conseil d'administration du Syndicat est arrivé à la réalisation du programme qui lui avait été tracé en réunion publique par les habitants du quartier Nansouty, et a pu en élaborer un nouveau digne de retenir l'attention de celui ou de ceux appelés à lui succéder dans l'avenir.

LE CONSEIL D'ADMINISTRATION.

SYNDICAT

POUR LA

DÉFENSE DES INTÉRÊTS DU QUARTIER NANSOUTY

Assemblée générale du 17 février 1900.

Rapport de M. LAGROYE, secrétaire.

MESSIEURS,

Il y a exactement trois ans et six mois que la Municipalité actuelle entrait à l'Hôtel de Ville resplendissante de promesses et décidée, soi-disant, à accomplir des merveilles.

C'est sans doute avec cet espoir que, dans chaque quartier de la ville, se formèrent des Syndicats à l'effet d'établir, chacun en ce qui les concernait, un programme de *desiderata*, et d'en poursuivre la réalisation.

Le quartier Nansouty ne resta pas en arrière : sous la poussée intelligente, énergique, de quelques esprits bien pensants, notamment de M. Mulle, deux réunions publiques successives, où le nombre des auditeurs ne le cédait en rien à la qualité, consacrèrent, pour la première fois à Nansouty, la formation d'un Syndicat chargé de la défense de ce quartier déshérité jusqu'à ce jour. Il prit pour date de sa constitution le 1er juillet 1896.

Voilà donc exactement quarante-deux mois, au 1er janvier 1900, que vous imposiez au Conseil d'administration désigné par vous, avec le soin de faire les démarches nécessaires pour qu'il soit constitué conformément à la loi, celui de faire aboutir le programme suivant :

1° Études du projet d'un cimetière dans le quartier Sud ; protestation.

2° Élargissement des trottoirs du pont de la route de Toulouse.

3° Classement des cités Régis, Jamet, des Casernes, Page, Birly et Bordes.

4° Assainissement des cités Toussaint, des Truffières, Isaac-Séba et de Morcenx.

5° Établissement du Lycée de jeunes filles dans les terrains cité Gambetta.

6° Ouverture de la voie place d'Aquitaine-rue Duffour-Dubergier.

7° Établissement d'une ligne de tramway partant du boulevard de Talence et passant par les rues Régis, Eugène-Ténot, Pelleport et la gare du Midi.

Grande a dû être la désillusion des Syndicats, car nous ne sachions pas qu'ils aient obtenu quoi que ce soit qui ait réalisé les espérances qu'ils avaient fondées sur la Municipalité nouvelle.

Est-ce à dire qu'elle n'a rien fait? Ce serait un tort!

Si les quatre années passées à l'Hôtel de Ville ont été stériles pour la plupart de ces Syndicats, cela tient probablement non à la mauvaise volonté de nos édiles, mais plutôt au peu de travail rendu par ces Syndicats. Loin de nous la pensée de les incriminer en mettant en doute leur bonne volonté à faire aboutir leurs revendications. Mais nous, qui avons eu l'honneur en différentes circonstances de les approcher de très près, nous avons pu nous rendre compte *de visu* que tous ces braves gens se figurent qu'il suffit de réclamer pour obtenir.

Erreur colossale s'il en fut!

C'est donc, dût la modestie en souffrir, avec un certain point de fierté que le Conseil d'administration du Syndicat, à qui vous avez bien voulu conserver votre confiance pendant quatre années successives, vient vous rendre compte de la gestion de vos intérêts.

Il croit inutile, pour l'instant, de le faire longuement par la plume de son Secrétaire. Rien ne sera perdu pourtant, le Conseil d'administration ayant décidé de consigner, dans une Monographie destinée à tous les membres du Syndicat, les efforts faits pour assurer le succès du programme tracé.

Ce travail, confié à notre président M. Mulle, dont il est superflu de faire l'éloge, promet d'être très intéressant et aussi complet que les ressources financières peuvent le permettre.

En tout état de choses, il permettra de se rendre un compte exact des améliorations qui auront été apportées dans le quartier Nansouty sans bruit et sans tapage.

Nous laisserons donc la parole à notre Président, qui, dans son travail, nous fera toucher du doigt les difficultés qu'il a fallu surmonter pour réaliser notre programme. Et comme nous avons été assez heureux pour le réaliser en entier et au delà, nous nous sommes cru dans l'obligation d'en préparer un nouveau, digne de retenir l'attention de tous.

Quels que soient les hommes qui siégeront à l'Hôtel de Ville, nous ne nous dissimulons pas le dévouement et l'énergie qu'il faudra déployer pour arriver au succès dans le cours de la prochaine législature municipale. Mais, votre concours aidant, nous avons la conviction parfaite d'y arriver.

Le Secrétaire,
LAGROYE.

MONOGRAPHIE

DU

SYNDICAT POUR LA DÉFENSE DES INTÉRÊTS

DU QUARTIER NANSOUTY

SOMMAIRE

1° Projet de cimetière quartier Sud.
2° Élargissement, nivellement des trottoirs du pont de la route de Toulouse.
3° Classement des cités Birly, Bordes, Régis, Jeantet, des Roziers, Suzanne, Leydet, Georges, Jamet, des Casernes, Page.
4° Assainissement des cités Toussaint-Louverture, des Truffières, Isaac-Séba, de Morcenx.
5° Établissement du Lycée de jeunes filles dans les terrains de la cité Gambetta.
6° Ouverture de la voie place d'Aquitaine-rue Duffour-Dubergier.
7° Établissement d'une ligne de tramway du boulevard de Talence à la gare du Midi par les rues Gustave-Régis, Eugène-Ténot, Pelleport et route d'Espagne.
8° Tramways ouvriers du boulevard de Bègles au Bassin à flot.
9° Tramways ligne Toulouse-Bayonne, réfections des croisements et changement d'horaire.
10° Établissement de bornes-fontaines dans différentes voies.
11° Établissement d'une borne-poste angle de la rue de Carros.
12° Plaques indicatrices des cités non classées.

13º Fermeture des terrains de la cité Pasteur et poste de police au pont Bertrand-de-Goth. -

14º Bancs en bois place Nansouty.

15º Secours à divers et vieillards à admettre aux hospices.

16º Maisons frappées par la Commission d'hygiène et de salubrité; travaux à exécuter; prolongation de délai.

17º Bureau de poste route de Toulouse.

18º Fermeture des puits; retrait de l'arrêté.

19º Situation financière du Syndicat.

20º Programme nouveau à présenter à la prochaine Municipalité.

Messieurs,

La peur, dit-on, est mauvaise conseillère ! Le proverbe est vrai dans une infinité de cas s'appliquant à une individualité. Mais dans bien des cas, si elle agit sur une collectivité, il est bien rare qu'elle ne devienne pas une force.

En effet, supposez un danger menaçant une personne, quatre-vingt-dix-neuf fois sur cent elle ne peut y parer, par la peur qui lui ôte tout ou partie deses facultés. Au lieu de trouver le moyen d'éviter totalement ce danger ou de passer seulement à côté, il y a gros à parier qu'elle s'y jettera en plein.

Il n'en est pas ainsi pour une collectivité qui, elle, prise de peur, se sentant menacée, se roidit, se consulte et finit par trouver le moyen de surmonter l'obstacle et de le vaincre.

Cela est si juste que nous pouvons servir d'exemple.

Quelques mois avant le 1er juillet 1896, le quartier Nansouty se trouvait menacé de voir se réaliser à bref délai l'idée, qui avait germé dans le cerveau de nos édiles quelques années auparavant, de la construction, à ses portes, d'un cimetière Sud. Nous pouvons dire à ses portes, puisqu'il s'agissait des terrains compris entre les chemins de Cauderès et du Petit-Bois.

Le danger était d'autant plus pressant, qu'il n'était plus question de pourparlers, mais bien d'engagements pris vis-à-vis de certains propriétaires pour l'achat des terrains nécessaires à cette édification.

La question étant à l'ordre du jour, la nouvelle municipalité, en vertu des engagements de celle précédente, pouvait prendre une décision dans le sens indiqué. La peur que cette perspective ne devienne réalité du jour au lendemain, rassembla dans l'école Nansouty une quantité considérable d'hommes venus de tous les points de notre quartier pour s'entendre à l'effet d'empêcher cette création, qui ne pouvait avoir que des conséquences désastreuses pour lui.

De cette réunion spontanée, causée par la peur, au lieu d'une explosion de protestations, sortit une résolution qui, par la suite, permit d'arriver à des solutions heureuses, ainsi que vous pourrez en juger en lisant attentivement cette brochure.

Après un lumineux exposé de la question, fait par l'honorable M. Pichou dans un rapport remarquable que l'on trouve et peut lire dans le Bulletin trimestriel n° 1 du Syndicat, après une discussion sérieuse, l'Assemblée s'aperçut que non seulement elle avait à empêcher par tous les moyens l'établissement du cimetière, mais aussi qu'elle avait réclamé depuis vingt ans certaines améliorations qu'elle n'avait jamais pu obtenir.

Se souvenant alors que « l'union fait la force », elle résolut de se former en Syndicat pour la défense de ses intérêts. Et, séance tenante, elle constitua un bureau et un conseil directeur qui, chaque année, a eu les honneurs de la réélection jusqu'à aujourd'hui. Ce syndicat fit un programme paraissant modeste, il est vrai, mais cependant bien lourd et bien aléatoire quant au résultat. C'est donc de ce programme, Messieurs, que nous voulons vous entretenir dans cette brochure, qui ne peut être que succincte pour une foule de raisons, mais que nous avons essayé, en évitant de faire un livre, de rendre quand même aussi claire et compréhensible que possible, en plaçant sous vos yeux les pièces officielles de prouver les efforts tentés pour le réaliser.

En examinant chaque article de ce programme, on se demandait si vraiment il était réalisable. En tous cas, comment pouvait-on s'y prendre et quels étaient les moyens à employer pour le réaliser ?

Nous nous bornerons, pour ne pas surcharger ce travail, à y annexer simplement les pièces principales, officielles, correspondant à chaque article en indiquant la solution.

I

CIMETIÈRE DU QUARTIER SUD.

La pétition ci-après, couverte d'un millier de signatures, fut envoyée à M. le Maire, et suivie jusqu'à complète satisfaction.

» *A Monsieur le Maire et à Messieurs les Conseillers muni-cipaux de la Ville de Bordeaux.*

» Messieurs,

» Les soussignés, propriétaires et habitants du quartier Nansouty, à Bordeaux,

» Considérant que, dans sa délibération du 24 mars 1896, le Conseil municipal de Bordeaux a voté un emprunt de 40 millions de francs pour l'exécution de divers travaux parmi lesquels figure la création de nouveaux cimetières ; considérant que, d'après les renseignements publiés par la presse à la suite de cette délibération, l'un de ces cimetieres, destiné au quartier Sud, serait projeté sur l'emplacement compris entre les chemins de Cauderès-Mitraud, de Suzon, Bourgès, et du Petit-Bois, sur la commune de Talence ;

» Considérant que ce cimetière serait ainsi placé au milieu des habitations, à proximité de la partie de la ville qui compose le quartier Nansouty et s'étend jusqu'au chemin de Cauderès ; qu'il serait tout à fait déplorable au point de vue de l'hygiène, comme à celui des intérêts de cet important quartier, réputé jusqu'ici le plus sain de Bordeaux, qu'une suite favorable fût donnée à ce projet ;

» Que le cimetière du quartier Nord, qui devait être établi dans la commune de Bruges, sera au contraire placé à plusieurs kilomètres de la ville, loin de tout centre d'habitations ; que si la nécessité d'un troisième cimetière était démontrée, il conviendrait de le placer dans des conditions analogues et non à quelques pas du boulevard de ceinture actuel ;

» Les soussignés viennent donc, Monsieur le Maire et Messieurs les Conseillers municipaux, vous demander que de nouvelles études soient ordonnées en vue d'éviter la création du cimetière du quartier Sud, sur l'emplacement où il a été projeté, et ils protestent énergiquement contre ce projet, qui porterait le plus grand préjudice aux intérêts du quartier Nansouty. »

En présence de cette pétition, l'Administration municipale étudia à nouveau cette question et écarta, sinon définitivement, momentanément du moins, cette idée de la création d'un cimetière Sud à la place indiquée.

Enfin, le 8 mars 1898, sur le rapport de M. Fayet, conseiller municipal, le projet était définitivement abandonné par le Conseil, et nous étions préservés d'une de ces calamités qui ne s'oublient jamais.

Voici, du reste, la partie du rapport nous concernant, et qui a été adopté a l'unanimité :

« En effet, dans l'esprit de tous ceux qui se sont occupés
» de la question, la création d'un cimetière pour le quartier
» Nord avait pour corollaire indispensable la création d'un
» autre cimetière pour le quartier Sud.

» Mais pour celui-ci on s'est heurté à des difficultés sans
» nombre, dont la principale était de trouver des emplace-
» ments suffisants et d'un prix peu élevé.

» Le Conseil municipal précédent, dans un vote de prin-
» cipe, a bien désigné éventuellement des propriétés situées
» à Talence, entre le chemin du Petit-Bois et le chemin de
» Suzon ; mais le prix demandé par les propriétaires de ces
» terrains, les vigoureuses protestations de tous les habi-
» tants de Bordeaux qui les avoisinent, les protestations de
» la commune de Talence ont décidé l'Administration ac-
» tuelle à abandonner ce projet.

» Nous estimons, en outre, Messieurs, qu'un aménagement
» rationnel des champs communs du cimetière de la Char-
» treuse, joint à l'installation du cimetière Nord, peut suffire
» pour longtemps encore à tous les besoins de notre ville. »

II

ÉLARGISSEMENT DES TROTTOIRS DU PONT
DE LA ROUTE DE TOULOUSE.

Cette question de notre programme est sans contredit la première en date et la plus ancienne.

Il n'a fallu rien moins cependant que des accidents mortels pour que les pouvoirs publics, stimulés par le zèle de M. J.-M. Pontacq, conseiller d'arrondissement d'alors, effleurent timidement cette question, qui ne put avoir aucune suite, soit par l'indifférence de nos édiles qui n'étaient peut-être pas bien pénétrés de l'indispensabilité de cet élargissement au point de vue de la sécurité publique, soit à cause de la parcimonie qui présidait, à l'Hôtel de Ville, à la répartition des deniers publics.

La question était donc pendante, et ce ne sera pas un des moindres titres du Syndicat de l'avoir fait revivre et menée à bien.

A la suite de recherches qui permirent de savoir exactement l'état de cette question, et de connaître la façon dont elle avait été engagée, un rapport de notre Président, M. Ferdinand Mulle, que l'on trouvera tout au long dans le Bulletin trimestriel numéro 1 du Syndicat, rétablit à nouveau, d'une manière claire et précise, les pourparlers interrompus, et obtint de retenir l'attention de l'Administration municipale, qui consentit enfin les sacrifices que les administrations précédentes avaient jusqu'ici refusé de faire.

En effet, M. Georges Périé, adjoint au maire au Contentieux, qui depuis a vu ses attributions étendues (et c'est justice) en devenant adjoint aux Finances, M. Georges Périé, frappé de la justesse des réclamations du Syndicat à ce sujet, se fit, le premier, l'écho de ses desiderata dans la séance du Conseil du 4 août 1896.

Il fut aidé jusqu'au bout dans cette tâche, assez ardue du reste, par deux autres conseillers, MM. Dagrant et Saint-Germain.

Aussi, notre Conseil de Syndicat croit-il devoir appuyer particulièrement sur les trois noms de ceux qui ont été sans **discontinuer ses précieux auxiliaires.**

Le 9 décembre 1896, à l'issue d'une visite à M. Ricard, adjoint, nous avions la certitude que l'affaire était commencée et qu'elle se terminerait, dans un temps plus ou moins rapproché, au gré de nos désirs.

Il fallait donc sans repos, sans trêve, sans faiblesse, poursuivre les formalités administratives toujours interminables et arriver au but que nous nous étions assigné.

Voici, du reste, les pièces officielles, telles que décisions ministérielles, lettre de M. le Maire, délibération du Conseil municipal, interpellation, lettre de M. Charles Gruet, député, et lettre de M. Turrel, ministre des travaux publics, approbation ministérielle.

LIGNE

DE

BORDEAUX A CETTE

(BAYONNE)

Demande d'élargissement des trottoirs du pont établi à la traversée de la route nationale n° 10.

PRÉFECTURE DE LA GIRONDE

DÉCISION MINISTÉRIELLE

« Paris, le 5 août 1886.

» Monsieur le Préfet,

» J'ai examiné en Conseil général des ponts et chaussées (troisième section) le dossier de l'instruction à laquelle a donné lieu une demande formée par la Municipalité et un certain nombre d'habitants de Bordeaux à l'effet d'obtenir que les trottoirs du pont sur lequel la route nationale numéro 10 de Bordeaux à Toulouse franchit la ligne de Bordeaux à Cette (Bayonne), soient élargis par la mise sur les alignements de la route des garde-corps de cet ouvrage.

» Les pétitionnaires exposent à l'appui de leur demande, que cette amélioration est rendue nécessaire par l'encombrement qui se produit les jours d'affluence sur des trottoirs de 1 mètre seulement de largeur.

» La Compagnie des Chemins de fer du Midi, consultée, a fait connaître que l'encombrement allégué ne saurait se produire sur un pont dont la chaussée a 8 mètres de largeur et que, d'ailleurs, en ce qui la concerne, elle a exécuté les

travaux conformément aux dispositions d'un projet régulièrement approuvé par la décision du 12 mai 1854.

» MM. les Ingénieurs du service ordinaire font observer, d'autre part, que la modification réclamée ne s'impose nullement au point de vue de la circulation publique.

» MM. les Ingénieurs et M. l'Inspecteur général du contrôle se sont prononcés dans le même sens ; ils estiment, dès lors, que si la ville de Bordeaux désire l'élargissement des trottoirs du pont dont il s'agit, dans un intérêt de commodité ou d'embellissement, c'est à elle qu'il appartient de supporter la totalité de la dépense.

» J'ai l'honneur de vous informer que, conformément à l'avis du Conseil général des ponts et chaussées (troisième section), j'ai adopté ces conclusions.

» Je donne connaissance de la présente à M. l'Inspecteur général Linder, à MM. les Ingénieurs en chef Pasqueau et Salva, ainsi qu'à la Compagnie du Midi ; veuillez en aviser, de votre côté, les intéressés.

» Recevez, etc. »

———

LIGNE

DE

BORDEAUX A BAYONNE

Nouvelle demande du Conseil municipal de Bordeaux pour l'élargissement des trottoirs du pont établi à la traversée de la route nationale n° 10.

PRÉFECTURE DE LA GIRONDE

DÉCISION MINISTÉRIELLE

« Paris, le 5 janvier 1889.

» Monsieur le Préfet,

« Le Conseil municipal de Bordeaux avait dans une délibération du 17 novembre 1885, demandé l'élargissement des trottoirs du pont sur lequel la route nationale numéro 10 franchit à Bordeaux la ligne de Bordeaux à Bayonne.

» Après instruction complète de l'affaire, mon administration, considérant que l'élargissement réclamé ne s'imposait nullement au point de vue de la circulation publique, a rejeté, par décision du 5 août 1886, la demande du

Conseil municipal et laissé à la ville de Bordeaux le soin de réaliser à ses frais cet élargissement, si elle le jugeait utile.

» Par une nouvelle délibération du 24 février 1888, le Conseil municipal a reproduit sa demande, en insistant sur l'intérêt que présente, pour la sécurité de la circulation, la modification dont il s'agit.

» MM. les Ingénieurs du service ordinaire, saisis de cette nouvelle demande, ont fait procéder à des constatations directes de la fréquentation des piétons sur les trottoirs du pont de la route de Toulouse, et, à titre de comparaison, sur les trottoirs du pont de Bordeaux, dont la largeur de 2 mètres 30 n'a donné lieu à aucune réclamation.

» Les comptages ont accusé, le jour où les ponts sont le plus fréquentés, un maximum par heure de 878 piétons sur le pont de la route de Toulouse, et 3,566 sur celui de Bordeaux.

» Il en résulte que la circulation sur les trottoirs du premier de ces ouvrages pourrait être de 1,550 par heure au lieu de 878.

» MM. les Ingénieurs estiment, en conséquence, que ces trottoirs ne peuvent être considérés comme insuffisants, et ils en concluent au maintien de la décision du 5 août 1886.

» Appelé à nouveau à se prononcer sur la question, le Conseil général des ponts et chaussées, après avoir fait observer que le Conseil municipal de Bordeaux n'a produit aucun argument qui soit de nature à faire revenir sur la décision précitée, a été d'avis de confirmer purement et simplement cette décision, l'Etat devant rester étranger à une modification qui ne s'impose pas plus actuellement qu'en 1886.

» Je n'ai pu qu'adopter cet avis.

» Je ne donne connaissance de la présente qu'aux services intéressés ; veuillez en informer M. le Maire de Bordeaux.

» Recevez, etc.

Pour le Ministre des Travaux publics :

Le Directeur des Chemins de fer,

Signé : GAY.

LIGNE
DE
BORDEAUX A BAYONNE

Nouvelle demande tendant à l'élargissement des trottoirs du pont établi à la traversée de la route nationale n° 10.

PRÉFECTURE DE LA GIRONDE

DÉCISION MINISTÉRIELLE

« Paris, le 23 janvier 1891.

» Monsieur le Préfet,

» Le Conseil municipal et le Conseil d'arrondissement de Bordeaux ont signalé précédemment l'intérêt que présenterait, pour la sécurité de la circulation, l'élargissement des trottoirs du pont sur lequel la route nationale numéro 10 franchit à Bordeaux la ligne de Bordeaux à Bayonne.

» Après une instruction complète de l'affaire, mon Administration a, par décisions des 5 août 1886 et 7 janvier 1889, rejeté cette demande et laissé à la ville de Bordeaux le soin de réaliser à ses frais l'élargissement réclamé, si elle le juge utile.

» Toutefois, à la suite de la communication que vous m'avez faite d'un nouveau vœu du Conseil d'arrondissement et de la pétition d'un certain nombre d'habitants relative au même objet, j'ai invité le Service du contrôle à rechercher et me faire connaître si, depuis les décisions précitées, il était survenu quelques circonstances de nature à en faire modifier les dispositions.

» La Compagnie du Midi, consultée, a fait observer que la sécurité sur le pont est assurée dans les conditions ordinaires par l'existence d'une double clôture, l'une au sommet, l'autre au milieu du talus de la tranchée, et que, dès lors, rien ne justifie la nouvelle demande présentée.

» Appuyant les observations de la Compagnie, le Service du contrôle ajoute que, depuis 1889, les circonstances ne se sont pas modifiées et que, pas plus qu'il y a deux ans, les besoins de la circulation ne motivent l'élargissement réclamé.

» C'est d'ailleurs, ainsi que l'ont spécifié les décisions précitées, à la Ville de Bordeaux qu'il appartiendrait, le cas échéant, de supporter les dépenses nécessaires pour réaliser cet élargissement.

» Le Service du contrôle a proposé, en conséquence, de maintenir purement et simplement les décisions prises à ce sujet par mon Administration les 5 août 1886 et 7 janvier 1889.

» Je n'ai pu qu'adopter cette proposition.

» Je donne connaissance de la présente au Service du contrôle et à la Compagnie du Midi.

» Veuillez en informer le Conseil d'arrondissement et M. le Maire de Bordeaux.

» Recevez, etc.

Pour le Ministre des Travaux publics :

Le Directeur des Chemins de fer,

Signé : GAY.

SÉANCE DU CONSEIL MUNICIPAL

16 février 1897.

PONT SUR LE CHEMIN DE FER ROUTE DE TOULOUSE. DEMANDE D'ÉLARGISSEMENT.

M. SAINT-GERMAIN. — A la séance du 7 août 1896, un de nos honorables adjoints descendait dans l'arène pour parler de questions de la voirie intéressant divers quartiers de la ville. Parmi celles-ci, il en est une qui date de longtemps et qui a fait l'objet de discussions au Conseil général, au Conseil d'arrondissement et au Conseil municipal : je veux parler de l'élargissement du pont de la route de Toulouse.

Permettez-moi, Messieurs, d'insister, car il nous est donné chaque jour de voir les accidents qui résultent de l'insuffisance de largeur de ce pont ; des accidents fort regrettables se produisent et il y a des responsabilités que personne ne veut assumer et que se rejettent le Département, la Ville et la Compagnie du Midi.

Je crois, Messieurs, qu'il serait bon de faire trêve à ces renvois successifs, qui ne profitent à personne ; il y a lieu de considérer la chose comme urgente et de donner satisfaction à la population dans le plus délai. Au Conseil général, en 1890, on fit remarquer qu'un jeune enfant fut écrasé entre le garde-fou et un véhicule parce qu'il ne pouvait pas se garer ; deux ans après, en 1892, un cheval emporté, effrayé par le bruit d'un train qui passait sur le pont, franchit le parapet et la voiture fut précipitée dans le déblai ; en 1894, une femme de soixante-quatorze ans fut obligée de descendre du trottoir, ne pouvant passer côte à côte, et fut écrasée.

En somme, la chose ne me paraît pas difficile à résoudre, et si le Département ne veut pas accepter la dépense, si la Compagnie du Midi répond négativement, il appartient à la Ville de préciser la question : la Ville, mère de famille, doit s'intéresser à ses enfants ; la dépense n'est pas tellement forte qu'elle ne puisse pas la prendre à sa charge ; j'ai été saisi de devis fait par un particulier et dont les prix sont assez restreints ; pour ce qui nous touche en ce moment, il suffirait de placer sur les bas-côtés deux tôles assez larges ; ce devis, avec plans à l'appui, ne se monte qu'à 8,500 francs.

Il est vrai que c'est un devis de particulier ; pour un devis d'Administration municipale la dépense peut s'élever un peu plus haut, je vous l'accorde ; mettons que la dépense soit portée à 12,000 francs. Dans une lettre de M. l'Adjoint aux Travaux publics (première section), parue dans les journaux d'aujourd'hui, et que j'ai sous les yeux, je vois qu'au budget de 1897 le crédit prévu pour l'alignement des voies a été porté de 30,000 à 120,000 francs ; ne serait-il pas possible de prendre sur ce crédit pour cette amélioration ?

C'est un peu de l'alignement.

M. RICARD, adjoint. — Ce n'est pas de l'alignement.

M. SAINT-GERMAIN. — Je vous demande pardon ; la route est très large et sa largeur est réduite en arrivant au pont. J'insiste, car c'est une question humanitaire : le quartier est très populeux, le pont est placé à proximité des écoles, les enfants le traversent trois ou quatre fois par jour. Il faut faire cesser cet état de choses, dont nous pourrions être rendus responsables, si nous ne réalisions pas l'élargissement du pont.

Dans la séance du 7 août, M. Ricard, adjoint aux Travaux publics, disait, en réponse au vœu émis à ce jour :

« On peut renvoyer le vœu à la Commission pour les motifs que vous avez indiqués tout à l'heure. Il serait en effet, imprudent de dire qu'il y a longtemps que l'Administration supérieure n'a pas formulé d'avis à ce sujet : c'est tout récemment encore que nous avons reçu une lettre de M. le Préfet, nous disant que l'Etat ne s'opposerait pas à cet élargissement, mais à condition que la dépense tout entière incomberait à la Municipalité. »

Eh bien ! Messieurs, je crois que, depuis, la question a dû être étudiée ; elle ne saurait tarder à être tranchée ; nous avons les intérêts de Bordeaux à sauvegarder ; si des accidents se produisent, nous en serons rendus responsables ; il ne faut pas tarder à donner satisfaction à ce quartier populeux.

M. RICARD. — Je répondrai à mon honorable collègue M. Saint-Germain que le projet d'élargissement du pont est en ce moment-ci à peu près arrêté, et que j'ai pu répondre, il y a bientôt un mois, aux délégués du Syndicat du quartier Nansouty, que leur vœu avait été agréé par l'Administration et que les trottoirs de la route de Toulouse seraient élargis prochainement. Vous serez appelés avant peu, Messieurs, à émettre votre avis au sujet du pont en question. Nous n'avons pas voulu préjudicier la question de la dépense et nous nous sommes préoccupés seulement de l'urgence de cette amélioration. Nous ferons tous nos efforts pour que l'Etat et la Compagnie du Midi participent à la dépense ; mais, dans tous les cas, il est certain que les considérations qu'a fait valoir notre collègue M. Saint-Germain et qu'a présentées le Syndicat Nansouty à l'Administration, sont telles que le projet doit être accepté. L'Administration s'en est occupée, et prochainement vous allez recevoir en commission le projet d'élargissement du pont de la route de Toulouse.

M. SAINT-GERMAIN. — Je remercie M. Ricard de ses explications.

M. TANDONNET. — La route de Toulouse, avant la construction du pont, avait-elle la même largeur en cet endroit qu'aux autres ? Et comment se fait-il que la Compagnie du Midi ait été autorisée, en construisant le pont, à diminuer la largeur de la voie ?

M. RICARD. — C'est par suite de la complaisance du Service du contrôle. Nous avons fait valoir ces considérations auprès de l'Etat, auprès de la Compagnie du Midi, et il en ressort que la Compagnie a été autorisée à faire un travail absolument insuffisant, même au point de vue de l'art ; les garde-fous sont faits de telle façon qu'on peut passer au travers et qu'on a été obligé de mettre un grillage derrière les croisillons ; la Compagnie ayant fait des économies sur ce point, devrait prendre les réparations à sa charge, puisque l'intérêt de la somme qu'elle n'a pas dépensée, représente et au delà le double de ce que coûterait l'élargissement du pont. Mais on nous répond ceci : la Compagnie a été autorisée par le service des ponts et chaussées et par l'Etat à exécuter les travaux tels qu'ils sont faits ; par conséquent, vous ne pouvez pas demander autre chose. L'Etat répond qu'il n'a pas à participer à l'élargissement bien que ce soit une route nationale. Que voulez-vous ? Nous discuterons après, mais il importe de décider l'amélioration demandée ; c'est ce que l'Administration vous demandera au premier jour, le projet est à peu près terminé.

MAIRIE DE BORDEAUX

DIVISION
DES
TRAVAUX PUBLICS

Ire SECTION

VOIES PUBLIQUES
CONCESSIONS D'EAU
JARDINS, SQUARES, ETC.

« Bordeaux, le 2 mars 1897.

» Monsieur le Président,

» J'ai l'honneur de vous accuser réception de votre lettre du 27 février dernier et du plan et estimation qui l'accompagnaient.

» Je fais procéder, par les soins de M. l'Ingénieur en chef de la Ville, à une étude pour l'exécution des travaux d'élargissement du pont de la route de Toulouse.

» Je suis bien aise, à cette occasion, de consulter les documents que vous avez mis entre mes mains et que je m'empresserai de vous retourner dès qu'ils auront cessé de m'être utiles.

» Veuillez agréer, Monsieur le Président, l'assurance de
ma considération distinguée.

> » *L'Adjoint délégué,*
> » A. RICARD. »

SÉANCE DU CONSEIL MUNICIPAL

6 juillet 1897.

PONT SUR LE CHEMIN DE FER ROUTE DE TOULOUSE; ÉLAR-
GISSEMENT DES TROTTOIRS; ÉTUDES ET POURPARLERS;
AUTORISATION.

Au nom de la Commission des Travaux publics, M. SAINT-
GERMAIN donne lecture du rapport suivant de l'Administration et propose au Conseil d'en adopter les conclusions.

« Messieurs,

» L'exposé de la question d'élargissement des trottoirs du
pont établi route de Toulouse, au-dessus de la voie ferrée de
Bordeaux à Bayonne, a été fait devant vous d'une manière
trop claire et trop précise, notamment dans la séance du
Conseil municipal du 19 février dernier, pour qu'il me paraisse utile d'analyser de nouveau les diverses phases de
cette laborieuse affaire.

» Il me suffira de rappeler que les nombreux vœux émis
depuis près de quinze ans, tant par le Conseil municipal
que par le Conseil général de la Gironde et le Conseil d'arrondissement, en vue d'obtenir la réalisation de cette indispensable amélioration, n'ont pu encore aboutir.

» Aucun des services intéressés n'a voulu en effet, jusqu'à
ce jour, prendre à sa charge la dépense afférente à la modification du pont en question.

» La Compagnie des Chemins de fer du Midi estime avoir
pleinement satisfait aux obligations qui lui incombaient
pour l'exécution du projet régulièrement approuvé par décision ministérielle du 12 mai 1854; l'Etat, dont la mission
était, dans tous les cas, de protéger et de défendre le
domaine public, croit équitable et juste de faire supporter
à la Ville de Bordeaux la responsabilité de fautes qui ne

sauraient cependant lui être attribuées. Quant au Département, s'en référant à l'opinion de MM. les Ingénieurs, il a émis l'avis, à diverses reprises, que les trottoirs dans les traversées des routes nationales, étant à la charge des villes traversées et des riverains, par la raison qu'ils sont considérés comme réservés à la circulation locale des piétons et aux besoins de la fréquentation urbaine, l'élargissement de ceux du pont de la route de Toulouse devait être assuré exclusivement aux frais de la Ville.

» *A priori*, cette affaire semblerait, en conséquence, inextricable.

» Néanmoins, pour satisfaire aux incessantes réclamations de la population dont le Syndicat du quartier Nansouty s'est fait tout récemment encore l'interprète, vous avez apprécié, avec raison, qu'il était du devoir de l'Administration municipale de faire tous ses efforts pour provoquer d'une manière quelconque, et dans le plus bref délai possible, la solution de cette importante question.

» Dans ce but, nous avons fait étudier par M. l'Ingénieur en chef de la Ville un projet susceptible de servir de base aux négociations devant être poursuivies entre la Ville, la Compagnie des Chemins de fer du Midi et MM. les Ingénieurs du service ordinaire des ponts et chaussées.

» Ce projet consiste, en substance, à porter de 1 mètre a 4 m. 50 la largeur des trottoirs du pont qui nous occupe, de manière à donner à cet ouvrage une largeur totale de 17 mètres d'axe en axe des garde-corps.

» La dépense qu'il occasionnera est estimée devoir s'élever à 8,500 francs.

» Si, comme le suppose l'Administration, ces dispositions vous agréent, vous voudrez bien, Messieurs, l'autoriser à entrer en pourparlers avec la Compagnie des Chemins de fer du Midi et MM. les Ingénieurs du service ordinaire des ponts et chaussées, en vue d'arrêter définitivement les mesures à prendre pour cet élargissement. »

Lu et adopté en séance du Conseil municipal, le 3 août :

» *Le Secrétaire du Conseil,*
» MINVIELLE. »

CHAMBRE
DES
DÉPUTÉS

« 6 mars 1898.

« Cher Monsieur Mulle,

» J'ai transmis au Directeur général des Chemins de fer la réclamation dont vous m'avez saisi au sujet du pont de la route de Toulouse.

» Je vous communiquerai sa réponse dès qu'elle me sera parvenue.

» Cordialités.

» Ch. GRUET. »

MINISTÈRE
DES
TRAVAUX PUBLICS

Cabinet du Ministre

RÉPUBLIQUE FRANÇAISE

« Paris, le 7 mars 1898.

« Monsieur le Député et cher Collègue,

» Vous m'avez prié de hâter l'exécution du projet présenté par la Ville de Bordeaux pour l'élargissement des trottoirs du pont servant au passage de la route Nationale numéro 10, sur la ligne de Bordeaux à Bayonne (Compagnie du Midi), à Bordeaux.

» Je reconnais que le travail projeté constituera une amélioration importante pour la circulation des piétons, et je suis tout disposé à faire procéder à l'élargissement dont il s'agit, moyennant le versement préalable, par la Ville de Bordeaux, de la somme représentant le coût des travaux à exécuter sommairement prévus à 8,500 francs.

» Toutefois, avant de répondre à la demande de la Municipalité, comme il importe de connaître exactement le montant de la dépense à faire, j'ai dû inviter l'Ingénieur en chef

3

à dresser et à me soumettre le projet définitif de l'élargissement demandé par la Ville.

» Dès que j'aurai reçu ce projet, je prendrai une décision, avec le plus vif désir, croyez-le bien, de donner satisfaction aux instances réitérées dont cette affaire a été l'objet de votre part.

» Agréez, Monsieur le Député et cher Collègue, l'assurance de ma haute considération.

> » *Le Ministre des Travaux publics,*
>
> » TURREL. »

CHAMBRE

DES

DÉPUTÉS

Commission du Budget

« Paris, le 23 mars 1898.

« Monsieur le Président,

» Je suis très sensible aux remerciements que vous avez bien voulu me transmettre au nom du Syndicat du quartier Nansouty.

» Je vous prie d'être auprès des membres de votre Association l'interprète de mes sentiments de gratitude et de leur donner l'assurance de tout mon dévouement à la défense de leurs intérêts.

» Veuillez agréer, Monsieur le Président, mes plus cordiales salutations.

> » Charles GRUET. »

SÉANCE DU CONSEIL MUNICIPAL

3 juin 1898.

PONT SUR LE CHEMIN DE FER ROUTE DE TOULOUSE; PROJET D'ÉLARGISSEMENT; ÉTAT DE LA QUESTION.

M. SAINT-GERMAIN. — Je demanderai à M. l'Adjoint délégué aux Travaux publics (première section) où en sont les pourparlers engagés soit avec la Compagnie des chemins de fer du Midi, soit avec les ponts et chaussées, au sujet de l'élargissement du pont de la route de Toulouse. La question n'est pas nouvelle : elle date de 1890 ; elle a été agitée soit dans les séances du Conseil d'arrondissement, soit au Conseil général, soit au Conseil municipal, et notamment à la suite des démarches faites par le Syndicat du quartier de Nansouty et toute la population qui a délégué ses représentants à l'Hôtel de Ville pour entretenir l'Administration de cette question. Il était à supposer, enfin, qu'elle allait sortir de l'ornière, car plus on attend, plus elle se creuse, et j'espérais, après la proposition faite en Conseil municipal, que cette question allait recevoir une solution. Dans la séance du mardi 6 juillet 1897, il avait pris un engagement tendant à pousser les pourparlers avec une rapidité assez grande pour aboutir immédiatement. La Ville prenait à sa charge les frais d'élargissement des trottoirs, et les autres Corps constitués, l'Etat ou la Compagnie du Midi étant alors désintéressés, l'affaire devait recevoir une solution rapide. Plusieurs mois se sont écoulés depuis ; je trouve que le temps est trop long, et je viens demander à M. l'Adjoint aux Travaux publics où en sont les pourparlers.

M. RICARD, adjoint. — Je ne puis que remercier notre aimable collègue M. Saint-Germain de reproduire ici la question qu'il m'a posée au sujet de l'élargissement des trottoirs du pont de la route de Toulouse, car il me procure l'occasion de fournir au Conseil la preuve que si cette importante question n'est pas encore résolue, le retard apporté à sa solution ne saurait en aucune façon être imputé à la Municipalité.

En effet, dès le 29 juillet 1897, M. le Préfet était nanti par nos soins de la délibération du Conseil municipal du 6 du même mois, adoptant le projet dressé par M. l'Ingénieur en chef de la Ville.

Ne recevant pas de nouvelle officielle de cette affaire dont le dossier, à notre connaissance, avait été cependant depuis longtemps déjà soumis à l'examen des divers services intéressés (service du Contrôle, des routes nationales et Compagnie du Midi), nous avons le 18 janvier dernier prié M. le Préfet, dans le cas où il ne lui serait pas permis de nous faire connaître exactement à quel point en était l'instruction, de vouloir bien insister auprès de M. le Ministre des Travaux publics pour hâter la réalisation d'une amélioration si impatiemment attendue.

Le 28 du même mois, M. le Préfet nous informait qu'il avait, depuis le 31 décembre 1897, retourné à Paris le dossier en question assorti des avis de tous les services intéressés, et que, pour satisfaire à notre désir, il signalait le jour même à M. le Ministre l'intérêt que présentait une prompte solution.

Questionné de nouveau par nous sur la suite donnée à votre délibération, ce fonctionnaire nous avisait, au mois de mars, que, les dispositions de l'avant-projet présenté par la Municipalité ayant paru susceptibles d'être prises en considération, des instructions avaient été données par M. le Ministre pour l'établissement d'un projet définitif sur le vu duquel il statuerait.

Si nous n'avons reçu depuis lors aucune autre communication officielle concernant l'intéressante question qui nous occupe, nous ne nous sommes pas pour cela desintéressés de la nouvelle phase dans laquelle elle semblait être entrée.

Ayant quelques raisons de supposer que la Compagnie du Midi avait été chargée d'établir un projet définitif, nous nous sommes empressés, dès le 8 avril, d'écrire à M. Blagé pour le prier instamment de prendre les dispositions nécessaires afin qu'aucun retard ne fût apporté par ses bureaux à la rédaction dudit projet.

Par une lettre du 26 mai dernier, M. Blagé nous a fait savoir que, contrairement à ce que nous croyions, sa Compagnie n'a jamais reçu pareille invitation de M. le Ministre des Travaux publics.

Les renseignements particuliers que nous avons pu nous procurer nous donnent lieu d'espérer qu'une solution ne saurait tarder à intervenir. Nous savons, en effet, que l'étude demandée par M. le Ministre est actuellement en bonne voie d'exécution. Quoi qu'il en soit, vous pouvez être assurés que l'Administration ne perdra pas de vue cette affaire et qu'elle fera tout son possible pour en provoquer la solution à bref délai.

M. SAINT-GERMAIN. — Je demande à dire un mot. Il faut croire que la question se traite de différentes façons suivant que l'on répond à un corps constitué de la Ville ou du Département, ou à d'autres personnes. J'ai sous les yeux la lettre adressée par le ministre des Travaux publics à un député de Bordeaux, lettre dans laquelle le ministre dit ceci :

« Je reconnais que le travail projeté constituera une amé-

lioration importante pour la circulation des piétons, et je
suis tout disposé à faire procéder à l'élargissement dont il
s'agit, moyennant le versement préalable, par la Ville de
Bordeaux, de la somme représentant le coût des travaux à
exécuter, sommairement prévus à 8,500 francs.

» Toutefois, avant de répondre à la demande de la Municipalité, comme il importe de connaître exactement le montant de la dépense à faire, j'ai dû inviter l'Ingénieur en chef
à dresser et à me soumettre le projet définitif de l'élargissement demandé par la Ville.

» Dès que j'aurai reçu ce projet, je prendrai une décision
avec le plus vif désir, croyez-le bien, de donner satisfaction aux instances réitérées dont cette affaire a été l'objet
de votre part. »

M. RICARD. — C'est exactement ce que je viens de dire :
c'est une des nombreuses phases de la question. Cette lettre
est-elle vieille ?

M. SAINT-GERMAIN. — Elle est datée du 7 mars.

M. RICARD. — J'ai donné des nouvelles datant du 21 mai,
et les dernières, qui m'ont permis de donner l'assurance
que l'on termine les études, sont d'aujourd'hui même. J'ai
vu ce matin des personnages officiels, qui m'ont donné
l'assurance que le projet allait être dressé par celui à qui
il appartient de le faire.

M. SAINT-GERMAIN. — J'avais soumis un devis fait par un
particulier et se montant à 8,500 francs. J'avais compris
que, pour hâter cette affaire, l'Administration municipale
voudrait bien dresser un projet d'un prix peut-être un peu
plus élevé, mais qui aurait été facilement approuvé par
l'autorité supérieure, et aurait permis une exécution plus
rapide. Je demandais donc au Conseil municipal de voter le
montant du projet, de façon à ce qu'il n'y ait plus aucun
doute sur l'Administration qui devait prendre la dépense à
sa charge; toutes les autres Administrations ayant été mises
à l'écart de la question financière ; et, la Ville de Bordeaux
prenant à sa charge la dépense, il ne restait plus que quelques mois à attendre pour l'exécution, tandis que si l'on
recommence les pourparlers de 1890, la question va s'éter-
niser pendant huit ans encore. C'est une situation très pré-
judiciable à ce quartier de Nansouty qui est essentielle-
ment populeux ; ce pont reçoit un nombre considérable de
piétons qui sont exposés aux accidents qui peuvent se produire ; de 1892 à 1894, il y a eu un enfant écrasé, un vieil-

lard culbuté dans le déblai : cela pourrait être évité par une minime dépense. Je demande donc si ce soir on ne peut pas prendre un engagement et renvoyer cette affaire en Commission pour voter les crédits et étudier le projet sérieusement.

M. RICARD. — Vous retournez d'une année en arrière ; cela a été voté le 16 juillet 1897 ; nous avons fait dresser par l'Ingénieur en chef de la Ville le projet que vous nous demandez aujourd'hui ; il a été voté par le Conseil municipal, le 16 juillet dernier, et il a été transmis le 29 juillet au Préfet. Je viens de vous faire l'historique de l'affaire et, à aucun moment, il n'a été commis la moindre faute qui pût entraver la solution de cette affaire ; nous avons fait tout ce que nous pouvions faire.

Aujourd'hui, nous avons vu le dossier ; donc, il existe ; il est allé à Paris, il est revenu à la Préfecture, puis à Paris, à la Compagnie du Midi, puis chez l'Ingénieur en chef des ponts et chaussées, et à présent je sais bien où il est : on le parachève, de manière à pouvoir en arrêter définitivement les dispositions. Quant à la dépense, le Conseil municipal l'a votée en principe, laissant à l'Administration le soin de négocier avec le Midi et l'Etat pour obtenir leur participation si possible, mais en déclarant que, dans le cas où la participation ne serait pas accordée, le projet devrait s'exécuter quand même.

Dans une lettre écrite à M. Blagé, directeur de la Compagnie du Midi, la Ville de Bordeaux a pris l'engagement de payer le pont, sauf à obtenir plus tard un témoignage de gracieuseté de la Compagnie et de l'Etat ; mais déclarant en principe être prête à payer les travaux suivant le mode de paiement qui lui serait indiqué.

J'ai vu M. l'Ingénieur en chef de la Compagnie du Midi ; sans entrer dans plus de détails qu'il ne convient d'en donner ici, il m'a exposé l'état de la question et m'a dit combien aujourd'hui chacun voudrait dégager sa responsabilité ; tout le monde veut faire des efforts pour que la solution intervienne à bref délai, et personne n'incrimine la Municipalité, car chacun sait qu'elle a fait tout ce qu'elle pouvait pour hâter la solution.

M. SAINT-GERMAIN. — Je remercie M. l'adjoint des explications qu'il vient de fournir ; seulement, je maintiens que les fonds n'ont pas été votés ; c'est le 6 et non le 16 juillet qu'il a été question du pont ; et le 6, il n'a pas été question de crédit.

M. RICARD. — Personne ne s'est préoccupé de cela.

M. SAINT-GERMAIN. — Je m'en préoccupe beaucoup.

M. RICARD. — Vous ne voulez pas chercher plus de difficultés que l'Etat, que la Compagnie et que le Contrôle. Après la déclaration faite par M. le Maire au nom de la Ville, personne ne met en avant la question de dépense, et nous ne devons pas entraver maintenant la solution de l'affaire. Il y a eu certaines hésitations dans les divers services officiels, des tâtonnements, quelques oublis peut-être.

M. SAINT-MARC. — Quelque mauvais vouloir.

M. RICARD. — Non ! cela ne va pas jusque-là ! Mais on laisse sommeiller l'affaire, et, à un moment donné, on ne sait pas qui doit être chargé du projet ; aujourd'hui, la chose est au point, et ce n'est pas la question financière qui est de nature à entraver la solution. Nous sommes d'accord avec la Compagnie du Midi ; c'est elle qui doit exécuter le projet avec notre argent ; l'Ingénieur en chef nous a dit : « C'est un forfait, le devis dressé par la Ville de Bordeaux servira de base. »

MAIRIE DE BORDEAUX

« Bordeaux, le 30 novembre 1898.

DIVISION
DES
TRAVAUX PUBLICS

Ire SECTION

VOIES PUBLIQUES
CONCESSIONS D'EAU
JARDINS, SQUARES, ETC.

» Monsieur le Président,

» Je suis heureux de porter à votre connaissance que, par dépêche en date du 21 de ce mois, dont M. le Préfet vient de me nantir officiellement, M. le Ministre des Travaux publics a donné son approbation au projet définitif dressé par MM. les Ingénieurs du Service ordinaire en vue de l'élargissement du pont de la route de Toulouse.

» L'exécution de ce projet définitif, qui n'est en réalité que la reproduction, dans ses grandes lignes, de l'avant-projet établi par la Ville en 1897, selon le vœu de votre Syndicat, est de nature à assurer avant peu la réalisation d'une amélioration des plus utiles pour la circulation et la sécurité publiques.

» En recevant ainsi satisfaction aux légitimes doléances qu'elle a exprimées à maintes reprises à ce sujet, la population du quartier, particulièrement intéressée en l'espèce, ne peut que savoir gré au Syndicat que vous présidez et à la Municipalité actuelle d'avoir su, par leurs incessantes démarches, obtenir une semblable décision.

» L'Administration municipale est d'autant plus fondée à se réjouir personnellement de ce résultat, que M. le Ministre des Travaux publics, reconnaissant, contrairement à la thèse soutenue par ses prédécesseurs, le réel intérêt que présente cette opération pour la circulation générale sur la route nationale numéro 10, veut bien admettre aujourd'hui la participation de l'Etat jusqu'à concurrence de 6,000 francs dans la dépense totale estimée à 12,000 francs qu'entraînera l'exécution du projet dont il s'agit.

» D'après ce projet, la largeur des trottoirs sera portée de 1 m. 50 à 4 m. 50.

» Le travail devra être exécuté par la Compagnie du Midi qui, seule, est en situation de prendre les précautions nécessaires pour assurer la sécurité des trains pendant la durée des travaux.

» Selon le désir de M. le Ministre, le Conseil municipal sera incessamment appelé par mes soins à accepter formellement les conditions énumérées ci-dessus.

» Vous pouvez compter qu'il ne dépendra pas de ma bonne volonté que les travaux ne soient entrepris dans le plus bref délai possible et poussés avec toute la célérité désirable.

» Veuillez agréer, Monsieur le Président, l'assurance de ma considération distinguée.

» *L'Adjoint délégué,*

» A. RICARD. »

A Monsieur Mulle, président du Syndicat pour la défense des intérêts du quartier Nansouty, rue Eugène-Ténot, 50.

Enfin, le 15 juin 1899, la Compagnie des Chemins de fer du Midi avait terminé les préparations obligées pour ce travail à donner à l'adjudication, et M. Chanloup, ingénieur constructeur, était déclaré adjudicataire avec obligation de terminer ces travaux dans un délai de quatre mois.

Voilà, Messieurs, les différentes phases par où est passée cette importante amélioration réclamée et suivie par le Syndicat.

III

CLASSEMENT DES CITÉS BIRLY, BORDES, GUSTAVE-RÉGIS, JEANTET, DES ROZIERS, SUZANNE, GEORGES, JAMET, DES CASERNES, PAGE, LEYDET.

Par suite du refus de nombreux propriétaires riverains d'abandonner le sol et de rembourser les frais d'établissement du premier pavage et des trottoirs, conformément à l'article 183 du règlement du 6 septembre 1880, ce travail de classement a été long et a nécessité une correspondance considérable, ainsi que des démarches et des pourparlers des plus laborieux pour aboutir au résultat désiré.

Ce n'est qu'à force de persévérance que nous avons pu vaincre les difficultés. Aussi, nous bornerons-nous à mettre à l'appui les pièces principales ayant trait au classement de ces voies, laissant le soin, pour l'introduction de cette affaire auprès des pouvoirs compétents, de se reporter aux Bulletins trimestriels 1, 2, 3.

MAIRIE DE BORDEAUX

DIVISION
DES
TRAVAUX PUBLICS

1re SECTION

VOIES PUBLIQUES
CONCESSIONS D'EAU
JARDINS, SQUARES, ETC.
N° 5173/181.

« Bordeaux, le 29 août 1896.

» Monsieur le Président,

» Désireux de vous entretenir des questions formant l'objet des pétitions que vous avez remises à M. le Maire en votre qualité de président du Syndicat des Contribuables pour la défense des intérêts du quartier Nansouty, je verrais avec plaisir qu'il vous fût possible de vous rendre dans mon cabinet, à la Mairie, le jeudi 3 septembre prochain, à 2 heures de l'après-midi.

» Il ne me déplairait nullement, si du moins vous n'y voyez aucun inconvénient, que vous fussiez accompagné dans cette visite par quelques membres de votre Comité.

» Veuillez agréer, Monsieur le Président, l'assurance de ma considération distinguée.

» *L'Adjoint délégué,*

» A. RICARD. »

A Monsieur Mulle, président du Syndicat des Contribuables pour la défense des intérêts du quartier Nansouty, rue Eugéne-Ténot, 50.

MAIRIE DE BORDEAUX

« Bordeaux, le 11 janvier 1897.

DIVISION
DES
TRAVAUX PUBLICS

1re SECTION

VOIES PUBLIQUES
CONCESSIONS D'EAU
JARDINS, SQUARES, ETC.
N° 174/14.

» Monsieur le Président,

» Je m'empresse de vous accuser réception de votre lettre du 9 de ce mois, des plis de laquelle j'ai retiré une demande de classement de la cité Birly, formant le complément de celle que vous m'aviez déjà remise le 10 septembre dernier.

» L'instruction régulière de cette affaire allant être entreprise immédiatement; il m'est permis de vous faire espérer, Monsieur le Président, une solution prochaine, nonobstant le refus de M. Ricard, propriétaire de l'immeuble situé à l'angle de la route de Toulouse.

» Il ne me paraît pas douteux, en effet, que la Commission des Travaux publics et, après elle, le Conseil municipal ne jugent à propos de passer outre à l'abstention d'un seul intéressé eu égard à la situation particulière de son immeuble.

» Veuillez agréer, Monsieur le Président, l'assurance de ma considération distinguée.

» L'Adjoint délégué,

» A. RICARD. »

A Monsieur Mulle, président du Syndicat pour la défense des intérêts du quartier Nansouty, rue Eugène-Ténot, 50.

SÉANCE DU CONSEIL MUNICIPAL

24 août 1897.

CITÉ BIRLY : CLASSEMENT.

Au nom de la Commission des Travaux publics, M. DE FAUCON, pour M. BABILÉE, absent, présente le Rapport suivant :

» Messieurs,

» De toutes les voies de la partie Sud de notre ville, la cité Birly, mettant en communication la route de Toulouse avec la rue Forestier, est peut-être la plus insalubre ; par suite du défaut d'entretien de ses riverains depuis son dernier assainissement, qui date de 1875, elle se transforme à la moindre pluie en cloaques remplis de boue liquide, outre qu'elle est constamment encombrée d'immondices de toutes sortes.

» Afin de remédier à une pareille situation, susceptible de compromettre gravement l'hygiène et la salubrité publiques, et plus particulièrement la santé des nombreux ménages d'ouvriers qui habitent cette voie, l'Administration municipale estimait, au mois de novembre dernier, qu'il était de son devoir de mettre les propriétaires riverains en demeure de faire procéder aux travaux nécessaires pour assurer la mise en état de viabilité et permettre l'écoulement régulier des eaux ménagères et pluviales.

» Sachant par expérience que l'exécution d'une mesure de cette nature ne pouvait avoir d'effet que pendant un laps de temps déterminé et qu'ils se trouveraient ainsi exposés de nouveau, dans quelques années, aux mêmes inconvénients, les intéressés ont alors pensé à solliciter l'incorporation de ladite voie dans le domaine public.

» Mais une première pétition formulée dans ce but ne put recevoir satisfaction; un grand nombre de riverains, quoique souffrant cependant beaucoup de l'état de choses actuel, n'avaient pas jugé à propos de la revêtir de leur signature.

» C'est seulement cette année, grâce aux opiniâtres démarches des membres du Conseil d'administration du Syndicat de défense des intérêts du quartier Nansouty, dont il nous paraît juste de constater en cette nouvelle occasion l'intelligent et infatigable dévouement, que les dernières résistances ont été vaincues. M. Mulle, l'honorable président du dit Syndicat, remettait, en effet, à ce moment, à l'Administration une pétition complémentaire par le fait de laquelle tous les riverains, moins un, de la cité Birly se trouvaient avoir souscrit aux engagements exigés en pareil cas par l'article 183 du règlement du 6 septembre 1880.

» La principale difficulté paraissant de ce chef aplanie, l'affaire a été mise à l'instruction pour l'établissement des plans d'alignement et de nivellement réguliers, et l'évaluation des travaux de pavage et de trottoirs devant être exécutés par la Ville aux frais des propriétaires aussitôt après que le classement sera devenu définitif.

» De l'examen de cette affaire, il résulte que la voie dont il s'agit, d'une longueur moyenne de 250 mètres, est complètement bâtie sur tout son parcours, qu'elle est très passante et le deviendra certainement encore plus, lorsque la chaussée, actuellement presque impraticable, sera pavée.

» Un seul des cinquante propriétaires riverains a persisté, il est vrai, à ne pas donner son adhésion ; mais, eu égard à la situation particulière de son immeuble, à l'angle de la route de Toulouse, son abstention ne saurait constituer un obstacle au classement qui nous occupe.

» D'autre part, nous basant sur de nombreux précédents qui ont profité précisément à plusieurs voies de ce quartier, notamment à la rue Cazemajor et plus récemment à la rue Jules-Delpit, vous ne croirez pas, Messieurs, devoir vous arrêter davantage à la largeur de 8 mètres seulement donnée à la cité Birly.

» D'ailleurs, il convient de remarquer que cette voie, ouverte à la circulation publique depuis bientôt quarante ans, sa création remontant à 1838, a été établie sous l'empire des anciens règlements de voirie qui admettaient formellement cette largeur.

» Aussi, vous paraîtra-t-il équitable en l'espèce d'autoriser, pour ces motifs, une nouvelle dérogation au règlement du 6 septembre 1880.

» Si donc, comme nous ne pouvons le mettre en doute, vous êtes disposés à faciliter la réalisation d'une amélioration qui s'impose au double point de vue de la circulation et de l'hygiène publique, vous voudrez bien prendre, Messieurs, la délibération suivante, que j'ai l'honneur de vous proposer au nom de votre Commission des Travaux publics :

» Article premier. — M. le Maire est autorisé :

» 1. A reconnaître comme voie publique urbaine la cité Birly, allant de la route de Toulouse à la rue Forestier ;

» 2. A accepter à cet effet l'abandon du sol de cette voie fait à titre gratuit par ses propriétaires.

» Art. 2. — Le nivellement et l'alignement de ladite voie à 8 mètres seulement de largeur demeurent fixés selon les dispositions des plans ci-annexés.

» Art. 3. — Le pavage de la chaussée et l'établissement des trottoirs seront immédiatement exécutés aux frais des propriétaires riverains.

» Art. 4. — Pour faire face à l'exécution de ces travaux et assurer en même temps le remboursement de la dépense incombant aux pétitionnaires, il est inscrit par addition en dépenses et en recettes au budget de l'exercice courant, un crédit de la somme de 31,000 francs, montant de l'évaluation de M. l'Ingénieur en chef de la Ville.

» Art. 5. — La voie dont il s'agit sera soumise à tous les règlements municipaux sur la police et les constructions.

» Art. 6. — La Ville prendra désormais à sa charge, l'entretien et l'éclairage de ladite voie, qui jouira des mêmes avantages que les autres voies publiques.

» Art. 7. — M. le Maire est invité à accomplir les formalités nécessaires pour obtenir l'homologation des plans d'alignement et de nivellement.

» Art. 8. — La présente délibération sera transmise à l'autorité supérieure. »

(Ces conclusions, mises aux voix, sont adoptées.)

CITÉS GUSTAVE-RÉGIS, JEANTET ET DES ROZIERS :
CLASSEMENT.

Au nom de la Commission des Travaux publics, M. QUEUILLE présente le rapport suivant :

» Messieurs,

» A la suite de nombreuses réclamations provoquées par le mauvais état de la cité Gustave-Régis, l'Administration municipale, sur l'avis conforme de M. l'Inspecteur de la Salubrité, prenait, à la date du 9 septembre 1895, un arrêté prescrivant aux propriétaires riverains de cette voie, de faire procéder aux travaux nécessaires à son assainissement et à l'écoulement régulier des eaux pluviales et ménagères.

» Satisfaction n'ayant pas été donnée à cet arrêté dans le délai imparti, un jugement de simple police intervenait, le 8 novembre suivant, pour autoriser la Ville de Bordeaux à faire procéder d'office aux dits travaux aux frais des propriétaires intéressés.

» Ce jugement allait, en conséquence, être mis en exécution, lorsque tous les riverains de la cité dont il s'agit, comprenant que les avantages que leur procurait un simple assainissement seraient absolument relatifs et n'auraient qu'un caractère très précaire, sollicitèrent de l'Administration, à la date du 6 décembre 1895, par une pétition conçue dans la forme régulière, l'incorporation de cette voie dans le domaine public.

» Toutefois, M. Gustave Régis ne donnait son adhésion que sous la réserve formelle que la dénomination actuelle serait conservée.

» Cette condition ne pouvant, aux termes de la circulaire ministérielle du 20 octobre 1875, toujours en vigueur, être suivie d'effet, l'affaire ne put être présentée au Conseil municipal.

» Pour assurer néanmoins la salubrité publique, susceptible d'être sérieusement compromise, l'Administration songea alors à reprendre l'affaire au point de vue de l'assainissement et à faire exécuter le jugement précité du 8 novembre 1895, rendu contre tous les propriétaires riverains de la cité ; mais là, encore une fois, sa bonne volonté devait échouer. Au moment d'ordonner cette mesure, il nous a été permis de nous convaincre, par le teneur de divers actes de vente qui nous ont été communiqués, que M. Gustave Régis, créateur de la voie à laquelle il a attribué son nom, ainsi que des cités Jeantet et des Roziers qui communiquent, s'était réservé exclusivement la propriété du sol des dites voies en ne vendant ses emplacements que jusqu'à la façade de ces dernières et non jusqu'à leur axe.

» Dans ces circonstances, les décisions prises par le tribunal de simple police, le 8 novembre 1895, en ce qui concerne la cité Gustave-Régis, et le 11 mars 1896, relativement aux cités Jeantet et des Roziers, devenaient sans portée.

» Pour procéder régulièrement, les acquéreurs de M. Gustave Régis devant, en fait et en droit, être mis hors de cause, il ne nous restait plus qu'à poursuivre M. Gustave Régis seul pour l'obliger à améliorer l'état des voies en question.

» Ainsi menacé d'avoir à s'imposer, sans grande compensation, un très lourd sacrifice, et cédant d'ailleurs aux pressantes instances du Syndicat des Contribuables pour la défense des intérêts du quartier Nansouty, M. Gustave Régis, après les explications qui lui ont été fournies en notre présence par notre honorable collègue pour le Contentieux, s'est décidé, le 12 août 1896, à abandonner sans aucune réserve non seulement le sol de la cité Gustave-Régis, mais aussi celui des cités Jeantet et des Roziers, duquel il avait jugé à propos de conserver également la propriété. Il renonçait formellement, en même temps, à sa première prétention, tendant à ce que la cité Gustave-Régis ne change pas de dénomination.

» Toutes difficultés étant de la sorte aplanies quant au classement de cette dernière voie, l'Administration a cru de son devoir, dans l'intérêt général, de faire tous ses efforts pour obtenir un semblable résultat en ce qui concerne les cités Jeantet et des Roziers qui étaient aussi, comme il a été déjà dit plus haut, sous le coup d'un jugement en ordonnant l'assainissement.

» Il eût été, en effet, peu logique, vous en conviendrez, de ne pas accorder le même traitement à ces trois voies qui se commandent.

» Après de laborieuses négociations, nos démarches ont enfin abouti au résultat désiré.

» Aujourd'hui, en possession de l'engagement de tous les propriétaires riverains de se conformer en tous points aux prescriptions de l'article 183 du règlement du 6 septembre 1880, l'Administration vient vous proposer, Messieurs, de vouloir bien accorder aux dites voies, ouvertes à une largeur de 10 mètres, le caractère de voies publiques.

» En prenant cette décision, vous satisferez pleinement, et ce ne sera que trop juste, aux doléances très légitimes, il faut le reconnaître, que ne cessent de présenter, depuis plusieurs années, les habitants du quartier, au sujet de la situation vraiment déplorable des cités qui nous occupent.

» **La dépense à effectuer** pour mettre ces voies en état de **viabilité définitive,** dépense qui sera remboursée à la Ville par les propriétaires riverains, s'élèvera, d'après l'estimation de M. l'Ingénieur en chef de la Ville :

» Pour la cité Gustave-Régis, à environ. . . . . F. 11,800
» Pour la cité Jeantet, à environ 8,000
» Pour la cité des Roziers, à environ 10,000

» Soit ensemble . . . F. 29,800

» Persuadée que vous n'hésiterez pas à ratifier sa proposition, l'Administration, d'accord avec votre Commission **des Travaux publics,** a l'honneur de vous prier, Messieurs, d'adopter le projet suivant de délibération :

» Article premier. — Le Maire est autorisé :
» 1. A reconnaître comme voie publique urbaine :
» **La cité Gustave-Régis,** allant de la rue Bertrand-de-Goth au boulevard de Talence ;
» **La cité des Roziers,** ayant les mêmes tenants et aboutissants ;
» **La cité Jeantet,** mettant les deux précédentes en communication.
» 2. Accepter l'abandon du sol de ces voies, fait à titre gratuit par leur propriétaire M. Gustave Régis.
» Art. 2. — L'alignement et le nivellement demeurent fixés selon les dispositions des plans ci-annexés.
» Art. 3. — Le pavage et les trottoirs seront immédiatement exécutés aux frais des propriétaires riverains.
» Art. 4. — Pour assurer le paiement de ces travaux à l'entrepreneur adjudicataire et le remboursement à la Ville de la dépense, il est inscrit, par addition au budget de l'exercice courant, un crédit en dépenses et en recettes de la

somme de 29,800 francs, montant de l'évaluation de M. l'Ingénieur en chef de la Ville.

» Art. 5. — Néanmoins, les propriétaires auront la faculté de se libérer en cinq annuités égales à partir de 1897.

» Art. 6. — Les voies dont il s'agit seront soumises à tous les règlements municipaux sur la police et les constructions.

» Art. 7. — La Ville prendra désormais à sa charge l'entretien et l'éclairage des dites voies, qui jouiront des mêmes avantages que les autres voies publiques.

» Art. 8. — M. le Maire est invité à accomplir les formalités nécessaires pour obtenir l'homologation des plans d'alignement et de nivellement sus visés.

» Art. 9. — La présente délibération sera transmise à l'autorité supérieure. »

(Les conclusions, mises aux voix, sont adoptées.)

CITÉ BORDES : CLASSEMENT ET DÉNOMINATION.

Au nom de la Commission des Travaux publics, M. LA-GRANGE présente le rapport suivant :

« Messieurs,

» Depuis plusieurs années, les habitants de la cité Bordes, ouverte vers 1876 à la circulation publique, entre les rues Cazemajor et Malbec, en prolongement de la rue Saint-Jean, sollicitent de l'Administration municipale son incorporation dans le domaine public.

» Bien qu'une semblable mesure dût certainement remédier à l'état d'insalubrité manifeste de cette voie, il n'a pas été possible, jusqu'à ce jour, de satisfaire aux légitimes doléances des intéressés en raison du refus toujours opposé par un certain nombre de propriétaires riverains de prendre à leur charge les frais du premier pavage de la chaussée et du dallage des trottoirs.

» Appréciant qu'un pareil état de choses ne pouvait subsister davantage sans engager sa responsabilité, l'Administration actuelle a pris, à la date du 19 janvier dernier, un arrêté prescrivant l'assainissement d'urgence de la voie en question.

» Ainsi menacés de voir exécuter d'office, à leurs frais, risques et périls, les travaux de mise en état du sol, sans pouvoir espérer toutefois bénéficier de l'installation de l'eau et de l'éclairage, les propriétaires intéressés, qui s'étaient abstenus jusqu'alors, se sont enfin décidés à souscrire à tous les engagements prévus par l'article 183 du règlement du 6 septembre 1880, sous la seule réserve qu'il leur serait accordé un délai de trois années pour se libérer.

» Cette décision est due en grande partie, nous nous plaisons à le reconnaître, à l'utile intervention de l'honorable M. Mulle, président du Syndicat de défense des intérêts du quartier Nansouty, qui, pour atteindre ce résultat, n'a ménagé ni son temps ni sa peine.

» En pareille occurrence, et la cité Bordes se trouvant alignée sur tout son parcours à une largeur de 10 mètres, nous supposons, Messieurs, que vous ne verrez aucun inconvénient à adopter la délibération suivante, que j'ai l'honneur de vous proposer au nom de votre Commission des Travaux publics :

» Article premier. — M. le Maire est autorisé :

» 1. A reconnaître comme voie publique urbaine la cité Bordes, ouverte entre les rues Cazemajor et Malbec, en prolongement de la rue Saint-Jean ;

» 2. A accepter l'abandon du sol de cette voie fait à titre gratuit par les propriétaires riverains.

» Art. 2. — L'alignement et le nivellement de la dite voie demeurent fixés selon les dispositions des plans ci-annexées.

» Art. 3. — Le pavage de la chaussée, l'établissement de bordures en granit dans toute l'étendue de la voie, le dallage des trottoirs au-devant des emplacements bâtis, ainsi que l'établissement d'une tubulure de 30 centimètres entre la rue Goubeau et la rue Cazemajor, seront immédiatement exécutés aux frais des propriétaires riverains.

» Art. 4. — Pour assurer le paiement de ces travaux à l'entrepreneur adjudicataire et le remboursement à la Ville de la dépense effectuée, il est inscrit, par addition au budget de l'exercice courant, un crédit en dépenses et en recettes de la somme de 21,400 francs, montant de l'évaluation de M. l'Ingénieur en chef de la Ville.

» Art. 5. — Le remboursement de cette somme, qui devra être effectué par les intéressés, pourra être divisé en trois pactes : le premier s'appliquant aux frais de construction des trottoirs et de l'égout; le second à la première moitié du coût du pavage de la chaussée, et le troisième à la deuxième partie de ces derniers travaux.

» Art. 6. — La voie dont il s'agit sera soumise à tous les règlements municipaux sur la police et les constructions.

» Art. 7. — La Ville prendra désormais à sa charge l'entretien et l'éclairage de cette voie, qui jouira des mêmes avantages que les autres voies publiques.

» Art. 8. — M. le Maire est invité à accomplir les formalités nécessaires pour obtenir l'homologation des plans d'alignement et de nivellement sus visés.

» Art. 9. — La voie en question sera dénommée à l'avenir « rue Saint-Jean » comme celle dont elle forme le prolongement.

» Art. 10. — La présente délibération sera transmise à l'autorité supérieure. »

(Ces conclusions, mises aux voix, sont adoptées.)

MAIRIE DE BORDEAUX

« Bordeaux, le 8 décembre 1897.

DIVISION

DES

TRAVAUX PUBLICS

Ire SECTION

VOIES PUBLIQUES
CONCESSIONS D'EAU
JARDINS, SQUARES, ETC.
N° 8072/96.

» Monsieur le Président,

» En réponse à votre lettre du 5 courant, j'ai l'honneur de vous faire connaître qu'il n'a pas dépendu de l'Administration municipale que les travaux de pavage et de trottoirs des cités Birly, Bordes, Gustave-Régis, Jeantet et des Roziers ne fussent déjà commencés.

» Les travaux dont il s'agit ne peuvent être, en effet, entrepris avant que le classement définitif des dites voies ne soit intervenu.

» Or, je ne puis vous laisser espérer que, malgré les diligences que nous avons apportées, il paraisse possible d'obtenir dans un délai moindre d'une quinzaine de jours l'arrêté préfectoral incorporant les voies en question dans le domaine public.

» L'Administration municipale, soucieuse de donner à l'affaire qui nous occupe une prompte solution, avait bien, dès le lendemain de la clôture de l'enquête réglementaire à laquelle il avait été procédé les 8, 9 et 11 novembre dernier, retourné le dossier à l'approbation préfectorale ; mais, la décision de l'autorité supérieure ne pouvant être prise qu'après avis de la Commission des Bâtiments civils, dont les réunions sont seulement mensuelles, il est certain que le retard provient de l'avis tardif de cette Commission.

» Je crois, nonobstant, pouvoir vous affirmer que les travaux de mise en état de viabilité des cités Birly, Bordes, Gustave-Régis, Jeantet et des Roziers seront commencés sitôt après les fêtes de l'An.

» Veuillez agréer, Monsieur le Président, l'assurance de ma considération distinguée.

» *L'Adjoint délégué,*

» A. RICARD. »

A Monsieur le Président du Syndicat pour la défense des intérêts du quartier Nansouty, rue Eugène-Ténot, 50.

MAIRIE DE BORDEAUX

« Bordeaux, le 16 août 1899.

DIVISION

DES

TRAVAUX PUBLICS

Ire SECTION

VOIES PUBLIQUES
CONCESSIONS D'EAU
JARDINS, SQUARES, ETC.
N° 3618/144.

» Monsieur le Président,

» Par votre lettre du 11 de ce mois, qui n'est parvenue à ma connaissance que le 14 au soir seulement, vous m'avez adressé une demande tendant au classement de la cité des Casernes.

» Ainsi que je vous en ai, du reste, déjà donné l'assurance, je vais reprendre sans retard l'étude de cette intéressante question, bien décidé à faire tout ce qui dépendra de moi pour la faire aboutir dans le plus court délai possible.

» Mais, malgré ma meilleure volonté, je ne puis vous laisser espérer un résultat immédiat en raison des vacances imminentes du Conseil municipal.

» Vous pouvez être certain, toutefois, que, très désireux de tenir compte de l'utile concours apporté à la Ville, dans cette nouvelle circonstance, par votre Syndicat, je prends, d'ores et déjà, les dispositions nécessaires pour qu'une solution puisse intervenir dès la rentrée, c'est-à-dire vers le mois d'octobre prochain.

» Veuillez agréer, Monsieur le Président, l'assurance de ma considération distinguée.

» *L'Adjoint délégué.*

» A. RICARD. »

A Monsieur Mulle, président du Syndicat pour la défense des intérêts du quartier Nansouty, rue Eugène-Ténot, 50.

« Bordeaux, le 26 août 1899.

» Cher Monsieur,

» Je verrais avec plaisir qu'il vous fût possible de passer un de ces jours à mon cabinet, à la Mairie.

» Il serait très utile, en effet, que nous eussions un entretien au sujet de la question de classement des cités Page, Jamet, des Casernes, etc.

» Veuillez agréer, cher Monsieur, l'expression de mes meilleurs sentiments.

» *Le Chef de Division,*

» L. FORESTIÉ. »

IV

ASSAINISSEMENT DES CITÉS TOUSSAINT, ISAAC-SÉBA, DES TRUFFIÈRES, DE MORCENX.

Après avoir fait tout ce qui était humainement possible pour amener les propriétaires à demander les avantages du pavage de la chaussée, et devant l'impossibilité manifeste d'y réussir, vu l'état de délabrement de ces chaussées, qui pouvaient devenir par leur insalubrité un danger pour la santé publique, le Syndicat en saisit l'Administration compétente, en poursuivit l'assainissement et obtint encore satisfaction.

Après avis conforme de M. l'Inspecteur de la Salubrité, plusieurs arrêtés furent pris à ce sujet, à la suite desquels un jugement obligatoire fut rendu le 7 janvier 1897, l'ordre d'exécution des travaux donné, ainsi que le constate la lettre ci-après :

MAIRIE DE BORDEAUX

DIVISION

DES

TRAVAUX PUBLICS

Ire SECTION

VOIES PUBLIQUES
CONCESSIONS D'EAU
JARDINS, SQUARES, ETC.
N° 109/8.

« Bordeaux, le 7 janvier 1897.

» Monsieur,

» En réponse à votre lettre du 18 décembre dernier, je suis heureux de pouvoir vous annoncer enfin la prochaine exécution des travaux d'assainissement de la cité des Truffières.

» Les diverses formalités légales ont seules retardé jusqu'à présent l'application de l'arrêté du 23 mars 1896, et particulièrement, en dernier lieu, les délais accordés par la loi après la signification du jugement. Ce dernier ayant été pris le 30 octobre dernier, est devenu définitif il y a quelques jours seulement ; je m'empresse de vous faire savoir, en vous priant d'en informer vos co-syndicataires, que j'ai donné l'ordre d'entreprendre les travaux dans le plus bref délai possible et de les poursuivre rapidement jusqu'à complet achèvement.

» Veuillez agréer, Monsieur, l'assurance de ma considération distinguée.

» *L'Adjoint délégué,*
» A. RICARD. »

A Monsieur Mulle, président du Syndicat pour la défense des intérêts du quartier Nansouty, rue Eugène-Ténot, 50.

V

ÉTABLISSEMENT DU LYCÉE DE JEUNES FILLES DANS LES TERRAINS DE LA CITÉ GAMBETTA.

Cette question est une de celles qui ont été menées et poursuivies le plus énergiquement par le Syndicat, comprenant parfaitement que le succès, indépendamment des avantages qu'il procurerait à la Ville, assurerait à notre quartier une plus-value considérable.

Il prit donc immédiatement les mesures nécessaires pour la présenter aux pouvoirs publics.

Après avoir obtenu l'autorisation de consulter les dossiers, les divers projets à ce sujet déposés à la Mairie, il s'assura des exigences, des conditions dans lesquelles les propriétaires voudraient bien céder leur terrain à la Ville.

A la suite d'un rapport très documenté fait par notre président M. F. Mulle, chargé par nous de ce soin, rapport que l'on peut lire « in extenso » dans le Bulletin trimestriel du Syndicat, numéro 2, la question fut définitivement posée et des pourparlers furent engagés entre l'Administration de l'Instruction publique et les propriétaires.

Le Syndicat fut prié par M. le Maire de servir d'intermédiaire pour concilier les parties intéressées, le cas échéant, et obtenir le résultat désiré.

Notre président s'acquitta supérieurement de cette tâche, et quelque temps plus tard un sous-seing privé engageait les deux parties.

C'est ainsi que l'on vit figurer, comme travaux en première ligne dans l'emprunt de vingt millions, la somme fixée pour cet achat.

Ce résultat obtenu a malheureusement fait long feu; aussi, grande a été notre stupéfaction quand nous avons appris qu'au moment de boucler l'emprunt et de le soumettre aux pouvoirs supérieurs, M. le Maire à l'Instruction publique, conseiller général du canton, reprenait sa signature et rayait d'un trait de plume la somme prévue.

Nous nous abstiendrons d'indiquer ici les causes qui ont déterminé M. Peytoureau à prendre cette mesure, quoique cependant nous ayons cru en deviner le mobile. Nous laisserons le soin d'apprécier et d'en rechercher les motifs, en rappelant aux souvenirs de chacun les différentes phases par où est passée cette affaire et les divers projets d'achats sur d'autres points de la ville, présentés par M. Peytoureau lui - même, projets qui ont soulevé les critiques les plus violentes et les plus dures à son adresse, et l'ont forcé à les abandonner.

Nous ne ferons donc pas de commentaires, mais nous engageons les habitants du quartier en particulier, et du cinquième canton en général, dont M. Peytoureau est le représentant au Conseil général, à se souvenir de la façon dont il a défendu leurs intérêts.

Quoi qu'il en soit, tout recours n'est pas perdu; la question sera reprise, et nous conservons le ferme espoir de la voir aboutir, si ce n'est pour un lycée, au moins pour autre chose.

Nous reproduisons ci-après les pièces relatives à cette question.

« Bordeaux, le 17 février 1897.

» Monsieur le Président,

» Je réponds à votre honorée d'hier sur mes lettres du 20 avril 1890, 16 janvier 1893 et 20 septembre 1895, à M. le Maire de Bordeaux.

» J'offrais mon immeuble route de Toulouse, numéros 152 à 160, et route d'Espagne, numéro 151, au prix de 50 francs le mètre carré. Sur vos instances et pour me rendre aux désirs des habitants du quartier, je consens à réduire ma demande à 40 francs le mètre, espérant que le bon marché exceptionnel décidera enfin la Municipalité.

» Avec vous, vieil habitant du quartier et représentant attitré de ses intérêts, il n'est pas besoin de faire ressortir les avantages nombreux qu'offre mon immeuble pour l'établissement du Lycée de filles ; vous les connaissez aussi bien si ce n'est mieux que moi,

» Agréez, Monsieur, mes salutations empressées.

» CHASSAING. »

» Bordeaux, le 23 février 1897.

» Monsieur le Président,

» Je reçois votre honorée du 22 courant et je vous donne ci-dessous copie de la partie essentielle de ma lettre du 20 septembre 1895 à M. le Maire :

« Dans le but de faciliter à la Ville l'acquisition d'un local approprié à la destination du lycée de jeunes filles. sans que cette acquisition grevât sensiblement les finances municipales, je suis prêt à échanger mon immeuble, route de Toulouse, 152 à 160, et route d'Espagne, 151, contre l'Ecole de dressage de la rue Judaïque, et l'un, sur les bases du prix demandé le 20 avril 1890 pour mon immeuble et de l'estimation communiquée au Conseil municipal pour votre immeuble rue Judaïque.

» Il va sans dire que ma lettre du 20 avril 1890 à M. le Maire est annulée en ce qui concerne le prix de 50 francs le mètre par celle que je vous ai écrite le 17 courant et qui réduit ce prix à 40 francs.

» J'ajoute que je suis disposé à faire l'échange pour tout autre terrain appartenant à la Ville et qui serait à ma convenance.

» Quant à l'immeuble de la rue Lajarte, M. Léon Chassaing, mon frère, qui en est propriétaire, serait vendeur au prix de 40 francs le mètre dans le cas où il plairait à la Ville d'avoir une sortie sur cette voie.

» Si la Ville préférait ne pas faire d'échange, j'accepterais un délai de dix ans pour être payé, avec intérêts à 4 % l'an, ou encore je prendrais en paiement des obligations de la Ville au taux d'émission.

» Je crois avoir répondu à toutes vos demandes ; j'ajoute, toutefois, que je suis disposé à entrer avec la Municipalité dans toute combinaison qu'elle me transmettrait et qui ne léserait pas nos intérêts.

» Agréez, Monsieur, mes salutations bien empressées.

» CHASSAING. »

MAIRIE DE BORDEAUX

« Le Docteur PEYTOUREAU
ADJOINT AU MAIRE

présente ses salutations à M. le Président du Syndicat des contribuables du quartier Nansouty, et lui fait savoir qu'il serait heureux de le recevoir un de ces soirs, à six heures, à son cabinet de l'Assistance, ainsi que M. le propriétaire des terrains au sujet desquels il lui a été fait des ouvertures par le Syndicat.

» Bordeaux, le 17 avril 1897. »

SÉANCE DU CONSEIL MUNICIPAL

17 août 1897.

EMPRUNT DE 20 MILLIONS; PROJET; RENVOI.

M. PÉRIÉ, adjoint. — Je demande le renvoi aux Commissions réunies d'un projet d'emprunt de 20 millions amortissable dans cinquante ans, à partir de 1900, et dont le taux d'intérêt ne dépasse pas 3 1/2 %.

Vous avez, Messieurs, dans diverses réunions, décidé que vous vouliez scinder en deux parties les travaux d'utilité communale que vous croyez devoir exécuter dans la ville de Bordeaux. L'ancienne Administration avait demandé en dernière analyse, et quelque temps avant son départ, l'autorisation d'émettre un emprunt de 40 millions appliqué à un ensemble de travaux communaux à exécuter. Indépendamment des charges qui grèvent actuellement les contribuables, pour la réalisation de cet emprunt, l'ancienne Administration comptait créer 12 centimes additionnels nouveaux. Vos Commissions ont décidé de scinder les travaux de voirie et d'utilité communale qui devaient être exécutés sur cet emprunt. C'est ainsi qu'elles ont réservé pour un deuxième emprunt le projet de grande voie entre le centre de la ville et la gare du Midi. Elles ont cru qu'il valait mieux étudier, dans le plus bref délai, les projets plus urgents et les exécuter immédiatement sur les fonds d'un premier emprunt. Se basant sur cette décision, l'Administration dépose sur le bureau un projet d'emprunt de 20 millions, amortissable en cinquante ans, au taux de 3 1/2 %.

L'intérêt et l'économie de ce projet consistent en ce qu'il ne grève pas à l'heure actuelle les contribuables de centimes additionnels supplémentaires. Je m'explique ; vous connaissez la situation budgétaire au point de vue des emprunts de la Ville de Bordeaux ; en 1900, 9 centimes additionnels doivent disparaître des charges des contribuables, soit 5 centimes en diminution des 15 centimes affectés à l'amortissement de l'emprunt de 30 millions de 1881, et 4 centimes affectés à l'emprunt de 1863, dont l'amortissement est terminé en 1900. C'est au moyen de la disparition de ces 9 centimes que je propose aujourd'hui le projet d'emprunt, sans centimes nouveaux. Je demande seulement, jusqu'à l'expiration de l'emprunt de 1881, le maintien de la totalité des 15 centimes affectés à l'amortissement de cet emprunt, et l'application à l'emprunt de 1891, dont l'amortissement commence en 1900, des 4 centimes qui se trouvent disparaître par suite de l'achèvement de l'amortissement de l'emprunt de 1863. C'est ainsi qu'avec 9 centimes disparaissant en 1900, et que je vous demanderai de maintenir, nous arriverons à l'amortissement de l'emprunt de 20 millions que nous demandons aujourd'hui. Ces 9 centimes ne seront pas maintenus jusqu'à l'amortissement complet de l'emprunt nouveau; 9 centimes seront maintenus en totalité jusqu'en 1921, date de l'expiration de l'emprunt de 1881, et les 4 centimes repris de l'emprunt de 1863 suffiront amplement après 1921 pour compléter l'amortissement de l'emprunt nouveau. L'annuité du nouvel emprunt proposé étant de 849,951 fr. 60, la situation de la Ville pour le service de ses emprunts serait donc la suivante :

CHARGES

1º De 1900 à 1921 :

Emprunt de 1881 . . . . F.	1,509,650	»
Emprunt de 1891.	333,500	»
Emprunt nouveau.	849,951	60
F.	2,693,101	60

2º De 1922 à 1930 :

Emprunt de 1891 . . . . F.	333,500	»
Emprunt nouveau.	849,951	60
F.	1,183,451	60

RESSOURCES

15 centimes (Emprunt de 1881) . . . . F.	825,000	»
4 centimes (Emprunt de 1891).	220,000	»
A reporter . . . F.	1,045,000	»

Report . . . . F.		1,045,000	»
Prélèvement sur ressources ordinaires.		1,618,101	60
	F.	2,693,101	60

Prélèvement sur ressources ordinaires. . . . . F.		1,183,451	60
Si les 4 centimes de l'Emprunt de 1891		220,000	»
étaient maintenus, il se réduirait à. . . . . . . F.		963,451	60

3° De 1931 à 1949 :

Il ne reste plus que l'annuité du nouvel Emprunt,
soit . . . . F.   849,951 60
à prélever sur ressources ordinaires.

Il résulte donc de ce tableau qu'aucune charge nouvelle
ne grèverait les contribuables pour le service du nouvel
emprunt.

Le bénéfice réalisé sur l'excédent est, au contraire, de
1900 à 1921, de 57,631 fr. 40 ; de 1922 à 1930, au moins, de
522,281 fr. 60, et, de 1931 à 1949, de 855,781 fr. 40.

Cet emprunt de 20 millions vous est proposé par l'Administration pour exécuter des travaux communaux étudiés
ou à étudier en Commission, et dont la dépense est ou sera
fixée. Tout d'abord, vous avez arrêté, en Commission, les
travaux suivants qui, selon vous, devaient entrer en première ligne dans le nouvel emprunt :

POLICE ADMINISTRATIVE (1re Section).

Abattoir: construction et appropriation . . . . . . F.		200,000
Marché aux bestiaux : pavage		70,000
Cimetière Nord, aménagement: cimetière ancien, assai-		
nissement.		200,000

POLICE ADMINISTRATIVE (2e Section).

Construction d'ateliers, d'écuries et magasin du Service	
du Nettoiement	260,000

AFFAIRES MILITAIRES (Incendies).

Reconstruction des postes de pompiers . . . . . . F.		200,000

HYGIÈNE.

Construction d'un hôpital de vénériens . . . . . . F.		225,000
Construction d'urinoirs et cabinets d'aisances publics .		200,000
A reporter . . . . . F.		1,355,000

$$\text{Report.} \quad . \quad . \quad . \quad . \quad . \quad \text{F.} \quad 1{,}355{,}000$$

INSTRUCTION PUBLIQUE.

Écoles: amélioration de l'éclairage et des urinoirs . F.	100,000
École rue Gratiolet: construction	43,600
Groupe rue Fieffé : construction.	400,000
École maternelle rue de Nuits: reconstruction	142,500
École Saint-Bruno: chauffage.	30,000
Bibliothèque de la Ville: construction d'une nouvelle salle	35,000
École de Talence: construction	100,000
École Saint-Charles: reconstruction	60,000
Acquisition d'un terrain route de Toulouse.	385,000

FINANCES.

Somme nécessaire pour combler le déficit des anciens emprunts.	250,000

BEAUX-ARTS.

Muséum d'histoire naturelle: aménagements et agrandissements	120,000
Grand-Théâtre: réparations et appropriations diverses.	500,000
Matériel des fêtes publiques: acquisition	40,000

TRAVAUX PUBLICS

Monument des Girondins: achèvement.	300,000
Église Sainte-Eulalie: contructions diverses.	120,000
Église Sainte-Croix: aménagements	30,000
Église Notre-Dame: aménagements	14,000

TRAVAUX PUBLICS

Établissement d'égouts et améliorations de la distribution d'eau.	2,346,000
Paiement du deuxième pacte pour le prolongement de la rue d'Ornano	90,000
TOTAL. . . . . . . F.	**6,461,100**

De plus, Messieurs, si nous ajoutons à ces chiffres une somme approximative de 238,900 francs pour frais d'emprunt, nous arrivons à un total de 6,700,000 francs, qui ont été votés dans vos précédentes Commissions ; cette dépense, une fois déduite du chiffre total de l'emprunt de 20 millions, nous laisse une somme de 13,300 000 francs, qui **devra** être affectée à des travaux de voirie.

A cet effet, Messieurs, la Commission des Travaux publics est convoquée pour vendredi prochain, afin de décider quels sont définitivement les travaux de voirie que l'on doit exécuter en première ligne pour être compris dans ce capital de 13,300 000 francs, resté disponible. Lorsque vous aurez arrêté définitivement et désigné les travaux qui doivent entrer dans le premier emprunt, vous voudrez bien nommer des rapporteurs pour chacun des projets, comme pour ceux compris dans la liste dont je viens de vous donner lecture; ces rapporteurs feront connaître au Conseil municipal l'avis des Commissions, et le Conseil votera les travaux à exécuter.

Une fois ces projets votés par le Conseil, j'aurai l'honneur de vous soumettre, au nom de l'Administration, le projet définitif d'emprunt de 20 millions sur les bases que je vous ai fait connaître succinctement, et vous aurez à le sanctionner par un vote définitif.

En conséquence, j'ai l'honneur de vous demander le renvoi du projet d'emprunt de 20 millions, dont je viens de vous faire connaître sommairement l'économie, devant les Commissions réunies du Conseil municipal.

M. Samson. — A supposer que tous les membres du Conseil municipal y mettent de la bonne volonté, et ils y sont disposés, j'en suis certain, pensez-vous que pour la fin du mois nous puissions enfin réaliser ce projet d'emprunt de façon à commencer les travaux le plus tôt possible?

M. Périé. — Comme j'ai eu l'honneur de vous le dire, l'affaire ne dépend pas de moi; l'Administration ne pourra vous présenter le projet d'emprunt que lorsque tous les projets auront été votés par le Conseil municipal; tous ces travaux seront, en effet, inscrits à l'ordre du jour des séances des Commissions, et lorsque ces Commissions auront définitivement arrêté les travaux à exécuter, il faudra nommer des rapporteurs pour les présenter au Conseil municipal, qui votera ces travaux. Ce n'est qu'une fois ces votes acquis que l'Administration pourra utilement vous présenter un rapport sur le projet d'emprunt et demander au Conseil de le voter.

Le Conseil renvoie le projet d'emprunt de 20 millions aux Commissions réunies.

« Bordeaux, 3, rue des Treuils, le 30 janvier 1898.

» *Monsieur le Président du Syndicat Nansouty, Bordeaux.*

» Monsieur le Président,

» Autorisé par M. l'Adjoint à l'Assistance publique, j'ai l'honneur de vous faire connaître le résultat, que je considère comme définitif, des laborieuses négociations engagées depuis plus de six mois avec la Municipalité relativement à l'achat par celle-ci de mon immeuble sis route de Toulouse, 152 à 160, et route d'Espagne, 151.

» Je ne reviendrai pas sur les premiers pourparlers auxquels, mandé par M. l'Adjoint, vous avez assisté, si ce n'est pour vous rappeler que, après avoir accepté une première offre faite par la Ville, j'ai dû, sur votre insistance et pour ne pas priver le quartier d'une amélioration à laquelle il paraît tenir beaucoup, subir une grosse diminution.

» Vous conviendrez qu'il m'est impossible d'aller plus loin dans la voie des concessions ; aussi ai-je refusé hier, à la suite d'une convocation de l'adjoint intéressé, une troisième offre notablement inférieure à la seconde, et basée, paraît-il, sur une estimation plus ou moins compétemment faite.

» Avec mes regrets de n'avoir pu satisfaire le Syndicat, agréez, Monsieur, l'assurance de toute ma considération.

» L. CHASSAING. »

———

« Bordeaux, le 10 février 1898.

» *A Monsieur le Maire de la Ville de Bordeaux.*

» Monsieur le Maire,

» C'est avec stupéfaction que le Syndicat du quartier Nansouty apprend, par une lettre à lui adressée par MM. Chassaing, propriétaires des terrains et immeubles situés route de Toulouse et route d'Espagne, connus sous la dénomination de cité Gambetta, que le traité qui les liait à la Ville pour la vente de ces terrains doit être considéré comme nul et non avenu, par le fait que M. le Maire serait revenu sur le prix arrêté et porté par le Conseil municipal dans le projet d'emprunt de 20 millions, pour travaux de première ligne, sous la rubrique : « Achat d'un terrain route de Toulouse, pour la construction d'un Lycée de jeunes filles, 385,000 francs, » et déposé par M. l'Adjoint aux Finances dans la séance du mardi 17 août 1897.

» La publicité donnée par vous à cette affaire dans la presse et dans le « Bulletin municipal » avait été interprétée comme une satisfaction donnée au « desideratum » des habitants de notre quartier depuis si longtemps déshérité, et considérée comme une chose sinon faite, du moins bien arrêtée. L'espérance, qui entre pour une large part dans la vie sociale, faisait que les habitants étaient heureux de voir que ce quartier, dans un temps plus ou moins reculé, serait assaini dans cette partie et doté d'un monument capable d'en rehausser l'éclat et la valeur, surtout qu'à côté de cela ils avaient la conviction qu'ils travaillaient en même temps dans l'intérêt de la ville de Bordeaux

» C'est ainsi que le Syndicat mit dans son programme, qui a été dressé en réunion publique, la construction d'un Lycée de jeunes filles.

» Le Conseil syndical suivant de point en point les instructions données par les habitants du quartier Nansouty, et, s'inspirant à son tour des intérêts de la ville, avait l'honneur de vous adresser un rapport sur la question, avec prière de l'examiner de près.

» Quelque temps après, nous apprenions avec satisfaction, Monsieur le Maire, que notre projet avait été pris en considération par votre lettre du 17 avril 1897, convoquant en votre cabinet, à la Mairie. M. le Président du Syndicat, que nous avions mandaté pour cela, en même temps que les propriétaires dont il s'agit.

» Après de laborieuses négociations, dans lesquelles le Syndicat s'est efforcé d'obtenir de la part des propriétaires l'extrême limite des concessions possibles, il réussissait ; et les négociations aboutissaient à une entente définitive scellée par un sous-seing privé.

» Par ce fait, notre quartier était compris dans les travaux à exécuter avec l'emprunt. Grande est aujourd'hui pour nous et la population de Nansouty, que nous représentons, le désappointement que nous cause votre récente décision, qui enlève tout espoir. Si l'on considère les fortes sommes prévues pour les autres quartiers, La Bastide notamment, vous comprendrez facilement que Nansouty n'aura pas lieu d'être satisfait. Il aura été tout à fait oublié au point de vue de l'embellissement, seule faveur, du reste, pouvant coûter quelques deniers à la ville.

» Donc, Monsieur le Maire, pour compléter notre ville universitaire, s'il y a réellement besoin d'un Lycée de jeunes filles, notre quartier ne comprendra jamais pourquoi on lui refuse l'honneur de le posséder, attendu que lui seul a un terrain assez important, situé dans un endroit sain et aéré, avec façades sur deux voies de premier ordre, sans aléa possible pour l'avenir, répondant en un mot à toutes les qualités requises pour y asseoir un bâtiment comme mériterait d'avoir cette institution. Il serait regrettable, Monsieur le Maire, que, par suite d'une estimation peut-être erronée, la Ville, pour ses besoins, fût privée du bénéfice de se rendre acquéreur de ce terrain, et le quartier de celui de se voir assaini dans cette partie, de longtemps probablement.

» Aussi, Monsieur le Maire, le Syndicat, au nom des habitants du quartier Nansouty, a l'honneur de vous faire connaître que grande a été sa déception causée par la nouvelle de la rupture du traité ; mais, malgré tout, caresse l'espoir que cette décision n'est pas irrévocable de votre part.

» Il vous prie d'agréer, Monsieur le Maire, l'assurance de sa considération la plus profondément respectueuse.

» Pour le Syndicat,

» Le Conseil. »

MAIRIE DE BORDEAUX

DIVISION
DE
L'INSTRUCTION PUBLIQUE

N° 259.

« Bordeaux, le 18 février 1898.

» Monsieur le Président,
» Messieurs les Membres du Syndicat du quartier Nansouty.

» Je m'empresse de répondre à votre pétition du 14, relative au projet d'acquisition d'un terrain appartenant à MM. Chassaing frères, sis route de Toulouse et route d'Espagne.

5

» L'autorité supérieure, que j'ai consultée lors d'un de mes récents voyages à Paris, ne consentant à aucun prix à voir le Lycée de jeunes filles porté dans le quartier Nansouty, du seul fait de cette décision, l'urgence de l'achat d'un immeuble de cette importance ne s'imposerait plus et les prétentions exagérées des propriétaires seraient impossibles à justifier. Telles sont les objections qui m'ont été exposées et auxquelles j'ai bien dû me rendre, vu leur bien fondé, car M. le Ministre de l'Intérieur refuse formellement d'une façon générale, sauf le cas d'extrême urgence, d'acquiescer à un achat de ce genre, fait au-dessus du prix réel d'estimation cadastrale. MM. Chassaing demandent toujours 360,000 francs et ne veulent pas ramener leur prix à celui de l'estimation. J'ai dû arrêter toute négociation et relever ces Messieurs de leur promesse de vente, leur rendant ainsi toute liberté d'action.

» Veuillez agréer, Messieurs, l'assurance de ma considération distinguée.

» L'Adjoint au Maire,

» A. PEYTOUREAU. »

VI

OUVERTURE DE LA VOIE PLACE D'AQUITAINE-RUE DUFFOUR-DUBERGIER.

Cette question a reçu une solution, non pas précisément conforme à nos désirs en tant que tracé, mais telle en tant que principe, puisque, sur nos sollicitations pressantes et répétées, le Conseil décidait enfin que le premier travail à exécuter avec les ressources de l'emprunt de 15 millions devait être le percement de cette voie.

Vous devez vous étonner, cependant, que rien n'ait été commencé dans cet ordre d'idées.

A notre avis, cela tient, d'abord, indépendamment des formalités administratives interminables et énervantes, à la réfection du travail des plans et tracés qui a nécessité un recommencement de négociations et de formalités nouvelles. Et ici, Messieurs, nous persistons à croire que le premier projet amorcé déjà était de beaucoup meilleur que celui de M. l'Adjoint, lequel n'assainit qu'imparfaitement les quartiers traversés et a pour résultat d'augmenter d'une somme considérable les prévisions premières et les difficultés que ne manquent jamais de soulever les pouvoirs supérieurs.

Votre Conseil d'administration, prévoyant toutes ces choses, et fort de la certitude qu'il avait acquise par son travail que l'ancien projet recevrait presque immédiatement la sanction nécessaire au commencement de ce percement, qui serait à l'heure actuelle en pleine exécution, protesta comme il convenait de le faire contre cette prétention de M. l'adjoint Ricard de vouloir faire lâcher la proie pour l'ombre. Cette protestation fut goûtée par le public, mais le fut moins par le Conseil municipal. Aussi l'ancien projet, qui était devenu celui du Syndicat, eut les honneurs du rejet par 24 voix contre 8, ce qui permit l'acceptation du nouveau, celui de M. Ricard.

Quoi qu'il en soit, le conseil d'administration du Syndicat avait encore fait son devoir et, en tout état de cause, obtenu la mise en première ligne de l'ouverture de la rue Duffour-Dubergier.

Depuis, le projet a été fortement ballotté, du Conseil à la Préfecture, de la Préfecture au Ministre, et « vice-versa », pas mal de fois. De là découle probablement le retard apporté à une solution définitive; nous apprenons enfin, et ce avec plaisir, qu'elle ne serait pas très éloignée.

En effet, nous trouvons dans le « Bulletin municipal » du 3 décembre 1899 que M. le Maire Camille Cousteau, revenant de Paris, annonce que le Conseil d'Etat a définitivement statué sur le projet d'emprunt de 15 millions et sur les travaux qui s'y rattachent. Le dossier de cette affaire a été retourné au ministère de l'intérieur pour la préparation et la présentation aux Chambres du projet de la loi autorisant la Ville à contracter cet emprunt.

M. Dumagny, secrétaire général au ministère de l'intérieur, a bien voulu promettre de faire toute diligence pour que ce projet de loi soit présenté et voté par le Parlement au premier jour.

Suit l'information d'enquête, conformément à l'arrêté de M. le Préfet, en date du 15 novembre.

PROJET DE VOIE DE 17 MÈTRES DE LARGEUR ENTRE LE COURS VICTOR-HUGO ET LA PLACE D'AQUITAINE, EN PROLONGEMENT DIRECT DE L'ALIGNEMENT OUEST DE LA RUE DUFFOUR-DUBERGIER, DE SUPPRESSION DE L'ILOT OUEST DE LA PORTE D'AQUITAINE ET LE REDRESSEMENT DE LA RUE SAINCRIC.

DÉCLARATION D'UTILITÉ PUBLIQUE
(Application du Décret du 26 mars 1852.)

AVIS

Le Maire de la commune de Bordeaux a l'honneur d'informer les habitants que, conformément à un arrêté de M. le Préfet du département de la Gironde, en date du 15 novembre courant, une enquête est ouverte sur l'application du décret du 26 mars 1852 aux expropriations nécessitées par le projet d'ouverture d'une voie de 17 mètres de largeur entre le cours Victor-Hugo et la place d'Aquitaine, en prolongement direct de l'alignement ouest de la rue Duffour-Dubergier; de suppression de l'îlot ouest de la porte d'Aquitaine et de redressement de la rue Saincric.

Le projet ci-dessus visé, avec les pièces à l'appui, sera déposé à la Mairie pendant quinze jours, du 21 novembre jusqu'au 5 décembre inclusivement, pour que les habitants puissent en prendre connaissance tous les jours, de dix heures à midi et de deux heures à six heures de l'après-midi.

A l'expiration de ce délai, M. Millet, ingénieur en chef de la Chambre de commerce, commissaire-enquêteur désigné à cet effet par M. le Préfet, recevra à la Mairie, pendant trois jours consécutifs, savoir les mercredi 6, jeudi 7 et vendredi 8 décembre, de neuf heures du matin à une heure de l'après-midi, les observations qui pourraient être faites sur ledit projet.

A Bordeaux, en l'Hôtel de Ville, le 16 novembre 1899.

» *L'Adjoint au Maire,*
délégué pour les Travaux publics (1re section),

» A. RICARD. »

IMMEUBLES A ACQUÉRIR EN TOTALITÉ PAR APPLICATION
DU DÉCRET DU 26 MARS 1852

Rue Saincric, 9.
Rue Tombe-l'Oly, 12, 14, 11.
Rue Moulinié, 16, 20, 11, 17.
Rue Magendie, 14, 17, 23.
Rue Canihac, 42, 40, 21, 24, 15.
Rue Labirat, 22, 24, 26, 21.
Rue Lalande, 5, 3.
Cours Victor-Hugo, 166.
Rue Sainte-Eulalie, 2.

VII

ÉTABLISSEMENT D'UNE LIGNE DE TRAMWAYS DU BOU-
LEVARD DE TALENCE A LA GARE DU MIDI PAR LES
RUES GUSTAVE-RÉGIS, EUGÈNE-TÉNOT, PELLEPORT.

Cet article du programme était encore appelé, si on parve-
nait à le faire adopter, à donner un relief considérable à
notre quartier.

Traversé seulement dans toute son étendue par une seule
ligne, aboutissant, il est vrai, au centre de la ville, notre
quartier était privé, dans le sens transversal, de tous
moyens de locomotion permettant de se transporter rapidement sur des points assez éloignés, tels que Talence et la
gare du Midi; ce dernier point surtout étant un lieu de
rendez-vous constant pour les voyageurs, les commerçants,
et industriels.

Notre quartier était considéré comme un faubourg de la
ville, et bien des gens répugnaient de venir y habiter par
suite des incommodités qu'il offrait à l'égard des communications. Par les résultats acquis, désormais il n'en sera
plus ainsi.

Votre Conseil a donc poursuivi la réalisation de ce « dési-
deratum » et a été assez heureux pour réussir.

Il n'insistera pas, pour ne pas surcharger ce travail, sur
les bénéfices que pourra en retirer notre quartier et que

nous vous laissons le soin d'apprécier, pas plus qu'il ne s'attachera à démontrer le laborieux travail auquel il s'est livré pour joindre le succès.

Profitant de la mise à l'ordre du jour de la transformation encore à l'état d'embryon, nous prîmes position, et, par une lettre de notre Président, datée du 22 octobre 1896, à M. l'Adjoint compétent, la Commission extra-municipale en fut saisie.

Cette lettre-rapport, présentée avec tous les arguments militant en faveur du projet, fit impression sans doute, car, dans ses séances des 18 et 25 février 1897, le principe était adopté. La question, suivie de très près et pour ainsi dire pas à pas jusqu'à complet aboutissement, a été l'objet de discussions sérieuses. Elle a été attaquée, par deux fois avec un acharnement que l'on s'explique difficilement, par M. le conseiller Bonnamy, rapporteur de la Commission, qui adopta définitivement le tracé ainsi conçu : Ligne numéro 9 du boulevard de Talence au cours Saint-Jean par les rues Gustave-Régis et Eugène-Ténot, et alternativement : 1° par la route d'Espagne, 2° par les rues Pelleport et de la Gare; double voie route d'Espagne, simple voie sur le reste du parcours.

Dans cette même séance fut adoptée aussi la ligne d'omnibus proposée par le Syndicat, dénommée Ligne n° 2, et partant du cimetière de la Chartreuse à la Gare du Midi, par les rues François-de-Sourdis, du Hautoir, Belleville, place Amédée-Larrieu, rues de Lamourous, Cadroin, Brian, Saint-Nicolas, Lafontaine, place Ferbos, rues Vilaris et Furtado.

Enfin, dans la séance du Conseil du 3 août 1899, le prolongement de cette ligne numéro 9 était adopté sans rupture de charge de la Gare du Midi à la rencontre du boulevard et de la rue d'Ornano.

Ce sont là encore des résultats sur lesquels nous n'insisterons pas, qui permettent cependant d'apprécier la façon dont le Conseil d'administration a rempli son mandat. Avec cet article, se termine le programme tracé. Mais notre Conseil n'a pas cru dépasser ses attributions en l'étendant.

C'est toujours avec une sollicitude nouvelle pour le quartier qu'il a recherché tout ce qui pouvait être utile, soit comme commodité, soit comme embellissement.

VIII

TRAMWAYS OUVRIERS DU BOULEVARD DE BÈGLES AU BASSIN A FLOT.

Messieurs,

Avisé par nombre d'ouvriers de notre quartier et avoisinants, travaillant aux Docks ou à Bacalan, de l'incommodité pour se rendre à leur travail, d'aller rejoindre de chez eux le Tramway ouvrier venant de la Gare et passant à la place d'Aquitaine à une heure déterminée, notre Conseil résolut de demander l'établissement d'un service de Tramway ouvrier, allant du boulevard de Bègles au Bassin à flot par la route de Toulouse.

A cet effet, le Syndicat adressa à M. le Maire une requête qui démontra l'indispensabilité de cet établissement.

Quelques jours après, des expériences furent faites qui prouvèrent surabondamment le bien-fondé de notre demande, et l'Administration, en présence du résultat, installa deux tramways, à notre grande satisfaction à tous et à la plus grande commodité des nombreux travailleurs, qui tous les jours peuvent se transporter à leur travail et en revenir, sans ajouter à la fatigue du travail de la journée celle d'une longue marche. Suit, du reste, la correspondance à ce sujet.

« Bordeaux, le 28 mai 1897.

» *Pour Monsieur le Président du Syndicat.*

» Monsieur,

» C'est au nom du même groupe des habitants des quartiers Bègles, Talence et Nansouty, que je viens par la présente, vous remercier de l'empressement que vous avez mis à vous occuper du tram ouvrier partant de la station du Moulin d'Ars, autrement dit boulevard de Bègles.

» Ce tram, mis à titre d'essai, qui a commencé le lundi 24 mai, était à la station d'Aquitaine complet avec 58 voyageurs, le 25 mai avec 68 et le 26 avec 69. De ce fait, nous croyons que les essais sont définitifs, puisque déjà il est arrivé qu'un jour sur trois le conducteur a refusé du monde.

» L'empressement que vous avez mis à faire les démarches auprès de M. le Directeur de la Compagnie des Tramways nous oblige, Monsieur, à une reconnaissance qui, pour ne pas être exprimée de vive voix, n'en est pas moins profonde.

» Recevez, Monsieur, vous et votre Comité, l'assurance de nos sincères remerciements et nos empressées salutations.

» Pour le Groupe,

» Victor TISSEDOUX,
» 203, route de Toulouse,
» Contremaître chez M. E. Larroque, entrepreneur de peinture. »

« Bordeaux, le 13 octobre 1897.

» *Monsieur le Président de la Société de la défense des intérêts du sixième canton.*

» Monsieur,

» Ayant eu déjà recours à votre bienveillance pour une réclamation près de M. le Directeur de la Compagnie des Tramways au sujet du départ des trams ouvriers du matin partant de la route de Toulouse, c'est au nom d'un groupe d'ouvriers des ateliers des Messageries Maritimes et Dyle et Bacalan que je viens, par la présente, solliciter auprès de vous pour obtenir de M. le Directeur de la Compagnie des Tramways que, à partir du 1er novembre, époque à laquelle nous commençons notre travail à 7 heures du matin, il ait l'obligeance de faire partir un tram sur les deux qui font le service des ouvriers du Boulevard aux Docks, le matin, à 6 heures, pour arriver aux Docks à 7 heures moins 10 minutes.

» Ce tram, qui partirait à place entière, serait sûrement un plus grand bénéfice pour la Compagnie, car on pourrait laisser partir, comme cela se fait actuellement, un tram à 5 heures, à 10 centimes la place, et le second à 6 heures, à place entière ; de ce fait, la Compagnie aurait un bénéfice plus grand et la population ouvrière serait satisfaite dans son intérêt sans toutefois frustrer les intérêts des autres.

» Confiant dans votre bonté et espérant que notre demande

sera favorablement accueillie, nous vous prions, Monsieur le Président, d'agréer nos empressées salutations.

> » Victor TISSEDOUX,
>
> » 203, route de Toulouse,
>
> » Contremaître chez M. E. Larroque, entrepreneur de peinture aux Messageries Maritimes, à Bordeaux. »

MAIRIE DE BORDEAUX

POLICE ADMINISTRATIVE

2ᵉ SECTION

NETTOIEMENT
VOITURES, TRAMWAYS, ETC.

Nᵒ 2733.

» Bordeaux, le 2 novembre 1897.

» Monsieur,

» En réponse à votre lettre du 20 octobre dernier, que j'ai communiquée à M. le Directeur de la Compagnie des Tramways, j'ai l'honneur de vous informer que ce dernier m'avise qu'il fera partir le deuxième tram ouvrier du boulevard de Bègles, à 6 heures du matin, à titre d'essai, et qu'il fera continuer ce service pendant l'hiver, si le nombre de voyageurs se servant de cette voiture est suffisant.

» Veuillez agréer, Monsieur, l'assurance de ma considération distinguée.

> » *L'Adjoint au Maire,*
>
> » C. CAMELLE. »

« Bordeaux, le 12 novembre 1897.

> » *Monsieur le Président de la Société de la défense des intérêts du sixième canton.*

» Monsieur,

» Je viens, par la présente et au nom d'un groupe d'ouvriers habitant le sixième canton, vous remercier de la bonté que vous avez eue, vous et votre Société, de présenter notre requête auprès de M. le Directeur de la Compagnie des tramways, et si nous avons obtenu gain de cause, c'est sûrement grâce à l'empressement que vous avez mis à vous occuper de notre demande.

» Ce tram, qui probablement est à l'essai, part tous les jours du boulevard avec 38 personnes et arrive au Docks avec une moyenne de 50 voyageurs par jour ; de ce fait, nous croyons que l'Administration des Trams, trouvant son bénéfice, laissera cette voiture comme ser- !vice régulier.

» Ainsi donc, Monsieur le Président, recevez pour vous et votre aimable Société l'assurance de nos remerciements les plus sincères.

» Pour le groupe,

» Victor Tissedoux,

» 203, route de Toulouse,

» Contremaître chez M. E. Larroque, entrepreneur de peinture. »

IX

TRAMWAYS LIGNE DE TOULOUSE ET BAYONNE ; RÉFEC- TION DES CROISEMENTS ; CHANGEMENT D'HORAIRE.

Bien des fois nous avions remarqué la grande difficulté pour les gens du quartier, obligés d'aller en ville et retour, d'user de leur correspondance, par ce fait qu'ils ne pouvaient trouver de place, par suite de l'encombrement des voyageurs à la place d'Aquitaine, et se voyaient for- cés d'attendre les autres départs se faisant de 15 minutes en 15 minutes. Beaucoup, à cause de ce retard, rega- gnaient à pied Nansouty, renonçant à leur droit d'arriver avec leur billet au point terminus de la ligne. Le Syndicat, préoccupé de cette situation, étudia les moyens d'y remé- dier et soumit son travail à l'Administration, avec prière d'y donner la suite qu'il comportait. Toujours bienveil- lante à notre égard, nous aurions obtenu d'elle satisfac- tion intégrale s'il n'y avait eu empêchement majeur, ainsi que vous pouvez vous en rendre compte par les lettres ci-dessous. Quoi qu'il en soit, nous obtînmes quand même, en attendant la transformation complète, une amélioration sensible. La Compagnie retira de notre ligne les petits tramways et mit à la place de grandes voitures. . . . . . .

MAIRIE DE BORDEAUX

POLICE ADMINISTRATIVE

2ᵉ SECTION

NETTOIEMENT
VOITURES, TRAMWAYS, ETC.

Nᵒ 1459.

« Bordeaux, le 9 juillet 1897.

» Monsieur,

» En réponse à votre lettre du 4 courant, j'ai l'honneur de vous informer que les inconvénients dont vous m'entretenez, au sujet du trop grand espacement des départs des tramways sur la ligne numéro 8, m'ayant été déjà signalés, j'ai, à la date du 16 juin dernier, appelé l'attention de M. le Directeur de la Compagnie sur ce fait, lequel m'a répondu ne pouvoir augmenter ses charges.

» Par ce même courrier, je lui demande de remplacer à certaines heures les petites voitures faisant actuellement le service par de grandes voitures à 44 places, ce qui vous donnerait satisfaction dans une certaine mesure.

» Veuillez agréer, Monsieur, l'assurance de ma considération distinguée.

» *L'Adjoint au Maire,*

» C. CAMELLE. »

A Monsieur Mulle, président du Syndicat pour la défense des intérêts du quartier Nansouty, rue Eugène-Ténot, 50.

MAIRIE DE BORDEAUX

POLICE ADMINISTRATIVE

2ᵉ SECTION

NETTOIEMENT
VOITURES, TRAMWAYS, ETC.

Nᵒ 2037.

« Bordeaux, le 14 septembre 1897.

» Monsieur,

» Comme suite à ma lettre du 9 juillet dernier et en réponse à la vôtre du 18 août, j'ai l'honneur de vous adresser ci inclus copie de la lettre de M. le Directeur de la Compagnie des tramways et omnibus de Bordeaux.

» Dans l'état où se trouve la question de la transformation des Tramways, l'Administration municipale ne peut contraindre la Compagnie à établir de nouveaux garages sur les routes de Toulouse et Bayonne.

» Veuillez agréer, Monsieur, l'assurance de ma considération distinguée.

» *L'Adjoint au Maire,*

» C. CAMELLE. »

A Monsieur Mulle, président du Syndicat du quartier Nansouly, rue Eugène-Ténot, 50.

« Bordeaux, le 6 septembre 1897.

» Monsieur le Maire,

» J'ai l'honneur de vous accuser réception de votre lettre du 30 écoulé, numéro 1913, m'invitant à faire opérer les départs toutes les 7 à 8 minutes sur la ligne de tramways numéro 8.

» Permettez moi de vous faire remarquer, en réponse :

» 1. Que, pour donner satisfaction à votre demande, il serait nécessaire de poser des garages additionnels dans les routes de Bayonne et de Toulouse, et que ma Compagnie ne peut prendre ces frais à sa charge, vu l'état d'incertitude où elle se trouve, par suite du projet de transformation du réseau des tramways de la ville de Bordeaux;

» 2. Que l'arrêté préfectoral concernant l'exploitation des tramways en date du 6 avril 1881, article 18, page 21, fixe les intervalles entre les départs de chaque tête de ligne à toutes les 15 minutes pour la ligne numéro 8. Je vous retourne ci-jointe la lettre de M. Mulle que vous avez bien voulu m'adresser en communication.

» Veuillez agréer, Monsieur le Maire, l'assurance de mes sentiments très distingués.

» *Le Directeur général,*

» BRETHERTON. »

X

ÉTABLISSEMENT DE BORNES-FONTAINES DANS LE QUARTIER.

L'eau potable, si nécessaire pour l'alimentation, a fait aussi l'objet des préoccupations du Syndicat, qui signala à l'Administration les endroits où des bornes-fontaines seraient indispensables, tant pour éviter un long parcours aux ménagères qui n'ont pas de temps à perdre pour soigner leur intérieur; qu'au point de vue de l'hygiène dans un centre aussi populeux. De ce côté aussi satisfaction a été complète dans la mesure des ressources de l'Administration. Elle a établi depuis le mois de juin 1896, rien que dans notre région, sept bornes:

> une cité Toussaint-Louverture;
> une rue Dubourdieu, angle du sentier du passage
>   Leydet;
> une rue Monsarrat;
> une rue de Carros;
> une rue Puységur;
> une rue Birly;
> une rue Jeantet.

XI

ÉTABLISSEMENT D'UNE BORNE-POSTE ANGLE DE LA RUE DE CARROS.

Cette partie de notre quartier, comprise entre Saint-Genès et Nansouty, n'avait d'autres ressources pour déposer la correspondance que les boîtes ci-après : Saint-Genès, Nansouty, place Simiot.

Etant donné le long parcours pour se rendre aux boîtes indiquées, étant donné aussi le nombre d'habitants enfermés dans ce rectangle, nous avons pensé les faciliter en faisant installer une borne-poste. Une démarche dans ce sens auprès de l'Administration nous donna gain de cause, et M. Saint-Marc nous en avisait officiellement par la lettre suivante du 22 octobre 1897.

MAIRIE DE BORDEAUX

« Bordeaux, le 22 octobre 1897.

POLICE ADMINISTRATIVE

Ire SECTION

N° 4706.   » Monsieur le Président,

» J'ai l'honneur de vous faire connaître, en réponse à votre lettre du 21 courant, que j'ai pris des dispositions pour faire établir une boîte-borne postale, rue Bertrand-de Goth, à l'angle de la rue de Carros. Je suis d'accord à ce sujet avec les concessionnaires des bornes postales, et je n'attends plus que l'agrément de l'Administration des Postes.

» Veuillez agréer, Monsieur le Président, l'assurance de ma considération distinguée.

» *L'Adjoint au Maire,*

» Raoul SAINT-MARC. »

A Monsieur le Président du Syndicat du quartier Nansouty, 50, rue Eugène-Ténot.

XII

PLAQUES INDICATRICES DES CITÉS NON CLASSÉES.

Au mois de septembre 1898, M. le Maire prenait un arrêté, aux termes duquel il enjoignait aux propriétaires riverains des cités non classées d'avoir à mettre, à leurs frais et sous huit jours, à peine de procès, une plaque indicatrice (Cité Page, par exemple, voie non classée). Cette désinvolture avec laquelle procédait l'Administration ne laissait pas de créer une situation fâcheuse pour les intéressés. Une expérience, faite par certains propriétaires d'autres cités se trouvant dans le même cas, avait appris que ceux qui s'étaient dévoués pour donner satisfaction à cet arrêté avaient été victimes de la rapacité de quelques-uns qui, une fois la plaque posée, ne voulurent pas verser leur cote-part. Cette perspective de perdre un temps considérable d'abord, et de payer au moins trois fois sa cotité réelle, eut pour conséquence que pas un ne voulut prendre l'initiative des démarches à faire, pour la cité Page notamment.

Le Syndicat, informé de cette situation, et dans le but d'éviter aux intéressés les tracasseries de l'Administration, prit la chose en main, et le président écrivit à M. le Maire, lui signalant ce qu'avait de désagréable cet arrêté au point de vue de son exécution, en le priant de surseoir aux mesures y édictées, que lui se chargerait d'y faire donner satisfaction dans le plus bref délai, et ce, sans que l'intérêt de chacun en soit lésé. Il le fit immédiatement, tant et si bien, que l'Administration ne put s'empêcher de lui manifester son contentement par les félicitations contenues dans la lettre suivante :

MAIRIE DE BORDEAUX

« Bordeaux, le 12 octobre 1898.

DIVISION

DES

TRAVAUX PUBLICS

ARCHITECTURE

N° 2901/71.   » Monsieur le Président,

» J'ai l'honneur de vous accuser réception de la lettre que vous m'avez adressée à la date du 11 courant, relative à la mise en place des plaques dénominatives des voies particulières, et je m'empresse de vous faire connaître qu'un délai d'un mois est accordé pour la mise en place des plaques de la cité Page.

» Permettez-moi de vous féliciter, au nom de l'Administration municipale, Monsieur le Président, pour la très utile et intelligente initiative du Syndicat que vous présidez ; l'aide que vous nous prêtez est précieuse, et nous espérons que votre exemple sera suivi par les Syndicats des autres quartiers de Bordeaux. Comptez, Monsieur le Président, sur le bon accueil que recevront auprès de nous toutes vos communications et sur la reconnaissance avec laquelle nous accepterons le gracieux concours du Syndicat que vous présidez, toutes les fois que vous voudrez bien le mettre à notre disposition.

» Veuillez agréer, Monsieur le Président, l'assurance de ma considération distinguée.

» *L'Adjoint délégué,*

» Olanet. »

A Monsieur Mulle, président du Syndicat du quartier Nansouty, 50, rue Eugène-Ténot.

XIII

FERMETURE DES TERRAINS DE LA CITÉ PASTEUR ET POSTE DE POLICE AU PONT BERTRAND-DE-GOTH.

Depuis longtemps déjà, la partie comprise entre la rue Bertrand-de-Goth et la route de Toulouse, passant par les rues du Sablona et Brun, était devenue dangereuse pour la sécurité publique, par suite d'une rue amorcée dans les terrains appartenant à M. Bourrec et dénommée cité Pasteur.

Non seulement ces vastes terrains non clôturés étaient le déversoir de toutes les ordures ménagères des gens sans souci de l'hygiène et de la salubrité ; mais encore le rendez-vous de tous les mauvais sujets des environs, venant avec des filles de leur acabit, soit de nuit, soit de jour, assouvir leur passion bestiale.

Indépendamment de leur peu de moralité, ces gens, dignes des temps barbares, ne se faisaient aucun scrupule d'arrêter les paisibles passants attardés pour une cause quelconque, de les détrousser, en les bâillonnant au besoin. Cette situation ne laissait pas d'être inquiétante, car les attentats se rapprochaient de jour en jour et tendaient à discréditer notre quartier, à tel point que bon nombre d'habitants ne parlaient de rien moins que de le déserter, et que pas mal d'autres, qui auraient eu des velléités de venir y habiter, s'abstenaient.

Le Syndicat en informa M. le Maire, le priant d'obliger, en vertu des arrêtés municipaux, le propriétaire des dits terrains à les clôturer, et d'établir un poste de police au pont du chemin de fer, extrémité de la rue Bertrand-de-Goth.

Il semblerait cependant que pour des affaires de ce genre, comme l'on dit vulgairement, cela devrait marcher tout seul; point du tout !

Il faut malheureusement compter avec les beautés administratives.

Cette question, commencée le 12 août 1897, n'a reçu satisfaction en partie que deux ans après, soit cette année, au mois de septembre 1899.

C'est sur les instances réitérées et pressantes du Syndicat que l'Administration prenait enfin un jugement contre M. Bourrec et se décidait à fermer ces terrains aux frais du propriétaire. Quant au poste de police, nous n'avons pu encore l'obtenir. Les causes en sont :

1. Une question d'ordre budgétaire ;

2. Les rapports de MM. Michel, commissaire central, et Guillaume, officier de paix, qui reconnaissent le bien fondé de la requête présentée, mais ne peuvent faire établir un poste vu le nombre restreint d'agents pour les autres services. Aussi, disent-ils, il faudrait en faire autant dans d'autres quartiers qui se trouvent dans des conditions identiques.

Du reste, la proximité du poste de la place Nansouty est déjà une cause de sécurité qui s'accroît avec les rondes qu'ils disent faire faire et feront exercer dans l'avenir.

Voilà, Messieurs, comment MM. Michel et Guillaume cherchent à nous payer de mots et de promesses qui ne peuvent nous suffire. Le Syndicat n'en poursuivra pas moins la réalisation de ce vœu qu'il regarde comme devant avoir une portée considérable. C'est pourquoi nous avons recommencé les suppliques, espérant les faire aboutir; but fermement poursuivi par notre Syndicat.

XIV

BANCS EN BOIS PLACE NANSOUTY.

Presque toutes les places publiques étaient dotées de bancs en bois à dossiers retournés. Seule, notre place Nansouty avait encore des bancs primitifs, en ciment, disons-le, d'une incommodité révoltante et semés avec une parcimonie frisant l'avarice.

Les passants fatigués et nos vieillards, pour qui un rayon de soleil est si précieux, se voyaient privés d'un instant de repos et du plaisir qu'ils prennent maintenant au va-et-vient des trams et des nombreux piétons traversant les routes de Toulouse et d'Espagne. Le Syndicat, toujours aux aguets de tout ce qui peut être utile, chercha à combler cette lacune en demandant à l'Administration de vouloir bien exhausser les bancs en ciment trop bas, et garnir la place de bancs en bois à double dossier.

L'Administration, reconnaissant l'utilité de cette demande y donna satisfaction. C'est ainsi que la place Nansouty, en attendant mieux, a aussi des bancs comme les autres places publiques.

XV

SECOURS A DIVERS.

Si le rôle du Syndicat est de s'occuper des intérêts du quartier en ce qui concerne l'hygiène, la salubrité, les améliorations, voire même l'embellissement, il a pensé qu'il était de son devoir, sans avoir crainte de dépasser ses attributions, de tendre une main amie et secourable à ceux qui souffrent et aux malheureux infortunés qui ne savent à qui s'adresser et sont poussés quelquefois par le désespoir à chercher un refuge dans la mort. Il est pénible d'avouer que, dans notre fin de siècle, ces cas ne sont pas aussi rares qu'ils devraient l'être. Nous avons eu pour notre part à le constater, et heureusement que nous sommes arrivés à temps. Certes, Messieurs, nous savons que dans une bonne action la main gauche doit ignorer ce qu'a fait la droite, et si ce n'était pour l'exemple que l'on ne saurait trop propager, nous nous serions bien gardés de vous le faire connaître. Eh bien, dans notre quartier populeux, nombre de familles ont traversé une période de misère que le Syndicat a atténuée dans la mesure des ressources dont il disposait, aidé en cela, pour une part, par M. le Maire et M. le Préfet.

Il faut le dire aussi, dût-on froisser leur modestie, nous avons de nos collègues qui, dans le plus strict incognito, n'ont pas ménagé et ne ménagent pas encore, tous les jours, leur temps et leur bourse pour ce faire. Honneur à eux, Messieurs, ce sont de braves cœurs; qu'ils nous permettent donc de leur offrir ici les marques de la plus entière et plus vive reconnaissance.

Les vieillards non plus n'ont pas été oubliés, et beaucoup ayant sollicité d'entrer dans un asile ont vu leurs désirs pris en considération par l'intermédiaire des membres du Syndicat et, en attendant leur tour d'entrée, touchent une mensualité qui leur permet sinon de vivre, 'au moins de payer leur terme et d'avoir par ce fait un toit pour s'abriter.

XVI

MAISONS FRAPPÉES PAR LA COMMISSION D'HYGIÈNE ET DE SALUBRITÉ; TRAVAUX PRESCRITS; PROLONGATION DE DÉLAI.

S'il est une chose devant laquelle nous devons nous incliner sans mot dire, c'est assurément devant une décision de la Commission d'hygiène et de salubrité.

La compétence des hommes qui doivent la composer étant d'essence supérieure, coupables seraient ceux qui seraient rebelles à l'exécution de ses décisions.

Mais il est des circonstances où l'exécution en devient difficile, sinon impossible. Pas mal de gens de notre quartier se sont trouvés dans ce cas. Leurs maisons étant construites sur des données anciennes, avec un pécule amassé sou par sou, ces malheureux n'ont pu, ne vivant que de leur pénible travail très peu rémunérateur, moderniser leurs habitations, qui se trouvent par ce fait frappées d'insalubrité avec prescription de travaux à exécuter, s'élevant à une somme assez ronde relativement à leurs ressources. D'où une perturbation dans la tranquillité de ces braves gens, la plupart très âgés.

Le Syndicat n'a pas hésité à leur venir en aide et a pu obtenir pour eux une prolongation de délai qui leur a permis de se mettre en règle avec les exigences de la Commission d'hygiène et de salubrité.

XVII

BUREAU DE POSTE ROUTE DE TOULOUSE.

Au mois de janvier de cette année 1899, s'élevait un conflit entre l'Administration des Postes et la titulaire du bureau auxiliaire de la route de Toulouse. Le conflit eut pour résultat la fermeture provisoire de ce bureau, du jour au lendemain, sans autre avis préalable.

Sans vouloir s'immiscer dans cette affaire, qui ne pouvait regarder en somme que l'Administration et son employé, nous étions en droit de nous en inquiéter, en raison de la perturbation que cette mesure avait jetée parmi les habitants de notre quartier. Préoccupé de cette situation, le Syndicat se mit en quête d'atténuer autant que possible le préjudice causé à tous.

Le 3 février 1899, son président écrivit à M. le Directeur des Postes, qui promit satisfaction, qu'il a, du reste, donnée depuis.

Voici sa réponse à la lettre de notre président :

POSTES, TÉLÉGRAPHES
ET
TÉLÉPHONES

« Bordeaux, le 4 février 1899.

Direction de la Gironde

» Monsieur le Président,

» J'ai l'honneur de vous accuser réception de votre lettre d'hier. Mon Administration s'est trouvée, en effet, dans l'obligation de fermer provisoirement le bureau de la place Nansouty, mais j'ai tout lieu de penser qu'un nouveau gérant pourra être installé à bref délai. Je m'efforcerai, d'ailleurs, d'abréger ce délai dans la mesure du possible.

» Veuillez agréer, Monsieur, l'assurance de ma considération très distinguée.

» *Le Directeur,*

» Demars. »

A Monsieur Mulle, président du Syndicat du quartier Nansouty.

XVIII

FERMETURE DES PUITS ; RETRAIT DE L'ARRÊTÉ.

Le 16 janvier 1899, M. le Maire de Bordeaux prenait un arrêté aux termes duquel tout puits dont l'eau aura été jugée impropre à la consommation par le chimiste de la Ville, devra être comblé dans le délai d'un mois.

Si cependant ce puits est reconnu servir à l'arrosage d'un jardin cultivé ou au besoin d'une industrie ne touchant pas à l'alimentation, son usage pourra être toléré, à condition :

1. Sur les voies encore dépourvues de conduite d'eau potable, qu'il soit recouvert, muni d'un écriteau portant d'une façon apparente : « Eau impropre à l'alimentation », et que les fosses d'aisances des immeubles qu'il dessert soient reconnues étanches par le service municipal ;

2. Sur les voies possédant une conduite d'eau potable, qu'outre les conditions ci-dessus stipulées il soit dépourvu de corps de pompe, et que tous les immeubles qu'il dessert soient pourvus d'eau potable mise à la disposition de tous les locataires par tel moyen que les propriétaires intéressés jugeraient convenable.

Toutes les dispositions antérieures en opposition avec cet arrêté étaient abrogées.

Vous conviendrez, Messieurs, qu'il ne fallait pas être grand clerc pour se rendre compte des inconvénients qui résulteraient de l'application de cet arrêté, surtout dans le deuxième paragraphe. Outre que cette façon singulière de l'Administration de s'ingérer dans le domaine de la propriété privée parût un peu dure en conscience, elle avait pour conséquences immédiates :

1. D'obliger les propriétaires qui se soumettraient à faire installer l'eau de la Ville au moyen de concessions payantes. Et par cette raison de faire augmenter le loyer déjà assez lourd pour certains; l'expérience nous ayant appris que depuis fort longtemps ces frais sont supportés par les locataires;

2. D'aller à l'encontre des prescriptions hygiéniques qui demandent de l'eau en abondance, surtout dans les milieux ouvriers, soit pour laver le linge, soit pour laver l'intérieur des maisons, choses qui seraient alors très difficiles, la Ville elle-même ne pouvant quelquefois, par suite de la sécheresse ou des arrêts d'eau dans tel ou tel quartier, suffire à l'alimentation journalière;

Enfin, pour une foule d'autres causes qu'il serait trop long d'énumérer. Seul le paragraphe 1, malgré son caractère vexatoire, pourrait à la rigueur se justifier par les principes admis de l'hygiène moderne, devant lesquels nous nous inclinons très volontiers.

Mais relativement au paragraphe 2, qui sentait son exhumation des tiroirs administratifs et pour lequel de nombreuses protestations s'étaient élevées quelques années auparavant, le Syndicat crut devoir protester de la façon la plus énergique, tant au point de vue général qu'au point de vue particulier du quartier Nansouty, qui se trouvait le plus fortement touché.

En effet, ce quartier, de formation récente, siège d'un centre ouvrier important, n'avait pu jouir jusqu'à aujourd'hui des bienfaits de la canalisation des eaux, la plupart des rues le traversant, dénommées cités, n'étant pas classées et, conséquemment, ne faisant pas partie de la voirie urbaine.

Cette protestation eut son plein effet. Notre président, convoqué à ce sujet par M. le Maire le vendredi 3 février, obtint que cet arrêté serait considéré comme nul et non avenu.

Toutefois l'Administration se réservait le droit de l'appliquer dans le cas où, avisée de l'emploi de cette eau pour l'alimentation, elle pourrait y voir un danger pour la santé publique, et, d'un commun accord, il fut décidé qu'une note dans ce sens paraîtrait dans la presse, informant de cette décision la population intéressée.

XIX

SITUATION FINANCIÈRE DU SYNDICAT.

au 31 décembre 1899.

RECETTES

A l'Assemblée générale du 5 novembre 1898, l'encaisse était de . . . . F.   240 10

29 décembre 1898. — Encaissement de 49 quittances (cotisations du 3e trimestre 1898) . . . . . . F.   73 50

14 mars 1899. — Encaissement de 48 quittances (cotisations du 4e trimestre 1898) . . . . .   72 »

26 avril 1899. — Encaissement de 41 quittances (cotisations du 1er trimestre 1899) 61 50

18 novembre 1899. — Encaissement de 2 quittances arriérées . . . .   3 »

18 novembre 1899. — Encaissement de 39 quittances (cotisations des 3e et 4e trimestres). .   117 »

F. ——— 327 »

Total des recettes. . . . . . . F.   567 10

DÉPENSES

12 novembre 1898. — Payé plaques (cités Page, Jamet et des Casernes) . . . . F.   10 50

2 janvier 1899 :

Frais d'impression (rapport sur la question du gaz). . . . .   35 »

Frais de Secrétariat (affranchissements). . . .   12 95

Frais d'encaissement (10 0/0) 32 70

Gratification pour le service des séances. . . .   20 »

Frais de copie (délibération du 7 décembre 1899)   30 »

Total des dépenses. . . F. ——— 141 15

EN CAISSE au 31 décembre 1899 . . . . F.   425 95

AVOIR DU SYNDICAT

au 31 décembre 1899.

Espèces en caisse. . . . . F.   423 95
    A mettre en recouvrement :
1º 6 quittances arriérées à 1 fr. 50 . . . . . F.   9 »
2º 41 quittances à 1 fr. 50 (cotisation du 4e tri-
    mestre 1899). 61 50
3º Plaques (cités Page, Jamet et des Casernes). .   10 50
                       F. ————   81 »

Total de l'actif. . . . . F.   506 95

Le Trésorier,

A. VIDAL.

En terminant ce travail, que nous avons écourté autant que possible en le débarrassant de la volumineuse correspondance qui n'aurait fait que l'agrandir sans pour cela le rendre plus intelligible, nous avons pensé à y annexer un programme nouveau, élaboré par le Syndicat, et qui peut occuper tous les dévouements, toutes les activités, pendant les quatre années qui vont suivre et qui formeront la législature de la municipalité prochaine.

Pour arriver à ce résultat, qui ferait de notre quartier un des plus beaux de la ville, il est besoin du concours de tous sans distinction de religion politique ou confessionnelle. Aussi faisons-nous appel à toutes les volontés pour venir grossir les rangs de notre Syndicat et prions chacun de lui apporter sa collaboration, si modeste soit-elle.

Ce sera donner une preuve à ceux à qui nous devons les nombreuses améliorations dont notre quartier a été doté pendant le cours des dernières années, qu'ils ont travaillé à la satisfaction de tous, sans exception, en même temps qu'un précieux encouragement au travail que nécessitera la réalisation du programme suivant.

XX

PROGRAMME NOUVEAU.

1. Acquisition par la Ville des terrains compris entre la route de Toulouse et celle d'Espagne, d'une contenance de 12,000 mètres, et dénommés Cité Gambetta, ces terrains pouvant s'échanger contre d'autres terrains dont la Ville a voulu se débarrasser et pour lesquels elle n'a jamais trouvé preneur.

2. Agrandissement des Ecoles communales du groupe Nansouty, devenues trop exiguës, et construction d'une salle de fête commune, suffisamment spacieuse, indispensable à la bonne vitalité de la Société de Patronage et des Sociétés des Anciens Elèves, jeunes filles et garçons.

3. Débouquement de la cité Suzanne sur la rue Nansouty, et prolongement de la cité Page jusqu'à la rue de la Gare.

4. Mise à l'alignement des maisons obstruant la rue Terrasson dans la partie rapprochée de la route de Toulouse.

5. Débouquement de la cité Leydet sur la rue Dubourdieu.

6. Prolongement de la rue des Sablières et sa réunion à la petite rue Birly.

7. Prolongement de la rue Forestier jusqu'à la place Simiot.

8. Classement des cités Isaac-Séba, des Truffières, de Morcenx, Bradley et Goumin, dans la voirie urbaine.

Le Président du Syndicat Nansouty,

Ferdinand MULLE.

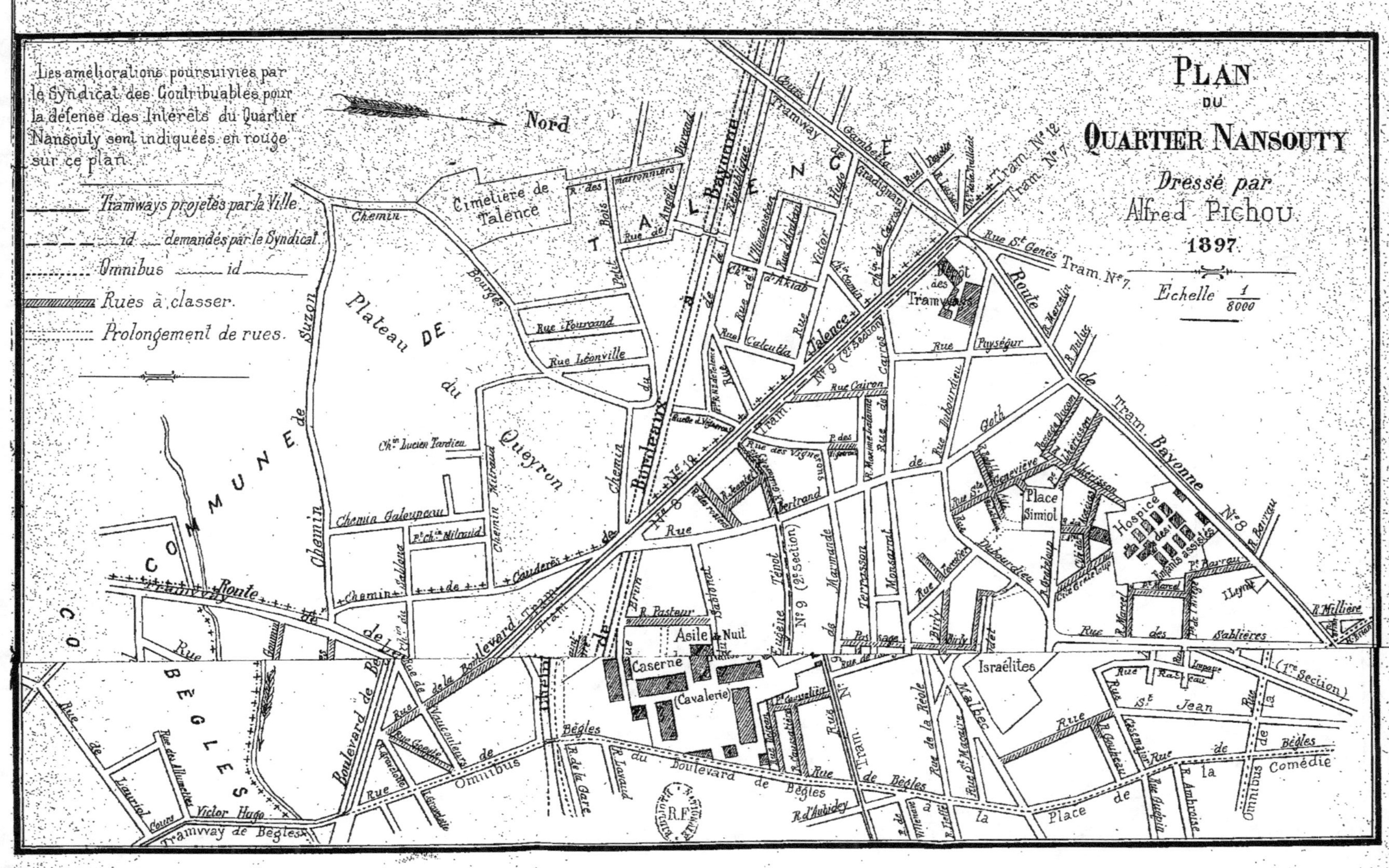

Les améliorations poursuivies par le Syndicat des Contribuables pour la défense des Intérêts du Quartier Nansouty sont indiquées en rouge sur ce plan.
Tramways projetés par la Ville.
id. demandés par le Syndicat.
Omnibus id.
Rues à classer.
Prolongement de rues.
Nord
PLAN
DU
QUARTIER NANSOUTY
Dressé par
Alfred Pichou
1897
Echelle 1/8000
Tram. N° 12
Tram. N° 7
COMMUNE DE BÈGLES
Plateau DU Queyron
Plateau DE
Cimetière de Talence
TALENCE
Chemin
Bois
R. des marronniers
Rue de Angèle
Rue Fourrand
Rue Léonville
Ch.in Lucien Tardieu
Chemin Galoupeau
P. ch.in Milraud
Chemin du Sablons
Chemin de Cauderès
Boulevard
N° 14
N° 8
Rue
Rue de l'Hindoustan
Rue d'Akiab
Rue Calcutta
Victor Hugo
Rue de Talence
N° 9 (2e Section)
Rue Cairon
Rue des Vignerons
R. Maxime Lalanne
Rue du Carrés
Rue Dubourdieu
Goth
Rue Puységur
Dépôt des Tramways
Rue St Genès
Rue Mercadin
R. Pulus
Route de Tram. Bayonne
R. Pasteur
Asile de Nuit
Caserne (Cavalerie)
Eugène Ténot
N° 9 (2e Section)
Rue de Marmande
Terrasson
Monsarnat
Birly
Rue Ste Geneviève
Place Simiol
L'Hérisson
Hospice des Enfants assistés
R. Grateloup
R. Marcel
R. Barrau
R. Millière
Israélites
Route de l'Ecole
Boulevard de Bègles
Tram.
COMMUNE DE BÈGLES
Rue de Bègles
Boulevard de
Rue de Vaucouleurs de
R. de la Gare
R. Lavaud
Bègles
Boulevard de Bègles
Rue de la Réole
Malbec
Rue St Macaire
R. d'Aubidey
la Place de
St Jean
Omnibus Comédie
Rue des Illuminés
Cours Victor Hugo
Tramway de Bègles
R.F.

TABLE DES MATIÈRES

Bordeaux. — Imp. G. GOUNOUILHOU, rue Guiraude, 11.